[日]清水章弘 著　[日]柴田启子 绘　宋天涛 译

30天高分学习法

轻松提升成绩的秘籍

机械工业出版社
CHINA MACHINE PRESS

「勉強ができるぼく」のつくりかた（清水章弘著）
"BENKYO GA DEKIRU BOKU" NO TSUKURIKATA
Copyright © 2015 by Akihiro SHIMIZU
Illustrations by Keiko SHIBATA
All rights reserved.
First original Japanese edition published by PHP Institute, Inc., Japan.
Simplified Chinese translation rights arranged with PHP Institute, Inc. through Bardon-Chinese Media Agency.

本书由 PHP Institute, Inc. 授权机械工业出版社在中华人民共和国境内地区（不包括香港、澳门特别行政区及台湾地区）出版与发行。未经许可的出口，视为违反著作权法，将受法律制裁。

北京市版权局著作权合同登记 图字：01-2019-2174号。

图书在版编目（CIP）数据

30天高分学习法：轻松提升成绩的秘籍／（日）清水章弘著；宋天涛译. —北京：机械工业出版社，2019.10（2021.10重印）
ISBN 978-7-111-63410-2

Ⅰ.①3… Ⅱ.①清… ②宋… Ⅲ.①学习方法 Ⅳ.①G791

中国版本图书馆 CIP 数据核字（2019）第175626号

机械工业出版社（北京市百万庄大街22号 邮政编码100037）
策划编辑：刘文蕾 刘春晨　　责任编辑：刘文蕾 刘春晨
责任校对：孙丽萍　　　　　　责任印制：张　博
三河市宏达印刷有限公司印刷
2021年10月第1版·第8次印刷
145mm×210mm·5.875印张·113千字
标准书号：ISBN 978-7-111-63410-2
定价：49.80元

电话服务　　　　　　　　　　网络服务
客服电话：010-88361066　　机 工 官 网：www.cmpbook.com
　　　　　010-88379833　　机 工 官 博：weibo.com/cmp1952
　　　　　010-68326294　　金 书 网：www.golden-book.com
封底无防伪标均为盗版　　　　机工教育服务网：www.cmpedu.com

序言

"停止社团活动，你和我说好了的。"

老妈的一句话将我的情绪打入谷底，令我眼前一暗。

我想起了两周前的对话。

"小茂，你都没在学习啊，考试没问题吗？"

"嗯，完全没问题。"

"如果有一科不及格，你就得停止社团活动。还有，你要帮妈妈干活。听到了吗？"

"嗯，啊，知道了。"

我当时正忙着玩手机游戏，这款智能手机是庆祝我考上初中的礼物。那会儿答话完全不经大脑，没想到一语成谶。

我叫佐藤茂，是一名初一学生。

爱好踢足球和打游戏，不过哪个都不是很精通。

开学之后很快就有期中考试，结果不及格，现在又不得不向刚加入的足球队告假。而且老妈还说"就因为你一直打游戏才考试不及格"，便把我的手机没收了。太过分了……唉，这真是史上最糟糕的星期天。

桌子上散乱地放着一堆试卷。数学 38 分，理科 39 分，语文 51 分，社会 54 分，最差的是英语，仅仅只有 32 分……总之，不满 40 分的"不及格"科目就有 3 门……

下次考试要是还有这么多不及格，不但不能踢足球，拿不回手机，还必须听老妈使唤。那样的"三大折磨"简直就是地狱，怎么办……

猛地看向日历，今天是 6 月 2 日。期末考试是什么时候来着？掀开一张日历，老妈用红色马克笔写了字。

"期末考试！"

她将"7 月 3 日"画上了圆圈。天呐，只剩一个月了……该怎么办才好。

最近心情一焦躁，手指就会随意动起来。大概是因为之前沉迷于打怪升级的游戏，食指习惯在平面上滑来滑去。这属于脱瘾症状。"啊，好想玩游戏啊……"

"小茂，去买瓶牛奶。"

"不要。"

"咱们不是说好了吗？"

"哼……"

"你这是对妈妈什么态度？喂，你刚才……"

咣当！

没想到老妈会听见，为了表现出"不要使唤我了"的想法，我用力地关上了大门。

什么都要我帮忙，我又不是小孩子！

我毫无顾忌、愤愤不平地走出公寓的走廊，与一个陌生的小学生擦肩而过。话说上周好像看到搬家公司在搬行李。

擦肩而过后，从我背后传来一道高亢的喊声。

"啊，小茂？你就是小茂吧？"

吓我一跳。我最害怕这种突发事件了。

"是、是的，你是……"

视线对不上，他好矮啊，有1米3？上几年级啊？黑框眼镜下面的眼睛圆溜溜的。明明一脸严肃却又一副惊讶的样子。看起来就是个小孩子，却有点像工薪族，直接套上西装还真的很符合，就像从漫画书里走出来的人一样。

"我叫阿学。上周刚搬过来，上四年级。你可以称呼我'阿学先生'。"

"什么？你、你好，阿学先生……"

咦，他明明比我小，我为什么要加上"先生"？嘴巴好像不受控制了。

"对啦对啦，小茂，听说你好像不聪明呢！"

"什么？"

"我妈咪听你妈咪说的。"

老妈那个大嘴巴……不过他刚才说"妈咪"，外表跟个工薪族一样的小学生竟然还叫"妈咪"……太逗了，他还真可爱。

"小茂，听说因为你太笨而被禁止参加社团活动？哈哈哈！"

"什么？"

血一瞬间冲上头。这小屁孩刚才说了什么？！我收回"可爱"这个词！

"没那回事！ 我才刚加入而已……"

"小茂。"

"只是暂时请假！ 而且那是老妈擅作主张……"

"小茂。"

"那是老妈自己决定的，我还要跟顾问商量一下……"

"小茂！！！"

"干什么！"

"如果你一直这样，永远也不参加不了社团活动的。"

"你说什么？"

这个小学生在说什么呀！！！ 一直往别人伤口上撒盐。

"我会做家教哦。 哈哈哈！"

"我不需要！"

"不需要？ 你有3科不及格还不需要？ 哈哈哈！"

"为什么你连这种事都知道！ 好吧，我会自己看着办的！还有，你别再那样笑了！"

"是吗？ 那我就不告诉你了，什么印在脑子里忘不掉的记忆法啦，1天能记100个单词的方法啦，都不说啦。"

咦，想知道，超级想知道，快告诉我吧。 不过，这家伙到底是谁啊，为什么会知道那些事情。

"小茂，复习要抓准'当日、次日、周日'的时间点哦。"

"什么？"

"还要吃'复习三明治'，哈哈哈！"

"……"

这家伙到底是谁啊！他说的面包还是三明治之类的是什么啊？听着不像是哆啦A梦的"记忆面包"啊。

"看吧，你很在意吧？想要我告诉你吧？让成绩好到连自己都惊讶的学习法……"

"不、不感兴趣啦！"

"哼，这些不想知道也行，还有平时在家就能背书的方法……"

"你话太多了！！"

我转身打算离开。结果一直哈哈大笑的阿学先生（虽然很懊恼，但我还是这样称呼他）突然严肃地说道，"喂，你想逃避吗？"

吓得我浑身都僵硬起来。我一回头，看到阿学先生正瞪着眼瞧我。

"你打算就这个样子逃避吗？"

"……"

"小茂，你想提高成绩吧？想改变现在的自己吧？既然这样，你就要下定决心'改变自己'。"

"……"

"好的开始是成功的一半。"

"什么？什么意思啊？"

"是古希腊的谚语啊。都是初中生了，竟然连这句话都不知道。比如你要推桌子，一开始是最难推的时候，但是当桌子开始滑动后就很容易推了。也就是说，凡事想要获得成功时，好的开始便意味着成功了一半。所以，你就从今天开始好好加油吧。这样你就已经完成一半了。"

"一半……"

从这一瞬间开始，我莫名地感觉阿学先生就像伟人一样。

"你要从今天开始改变，不然你就一直这么笨下去吧。"

阿学先生像说经典台词一般对着发愣的我断定道。

"你可以改变！"

"是、是的……"

我下意识地回答道，阿学先生又开始笑了。

"哈哈哈！"

这算怎么一回事嘛，这个"大叔一样的小屁孩"！！！

目录

序言

任务 1 "浓缩"课堂时间

上课要由被动变主动 / 001

第1天 合理利用早晨的时间 / 002

第2天 拒绝被动听课，请主动上课 / 007

第3天 优等生不会浪费课堂时间 / 012

第4天 三明治复习法 / 017

第5天 笔记为复习而存在 / 022

第6天 每周复习本周功课 / 027

第7天 周日也不睡懒觉 / 031

小分享 用透明文件袋整理讲义 / 036

任务2 成为小考考高分的学生

取得高分，享受成就感 / 039

- 第8天　把学习当作游戏 / 040
- 第9天　掌握小考攻略 / 045
- 第10天　哪怕不合理也要用用看 / 050
- 第11天　利用"情景"记忆，加深印象 / 055
- 第12天　先预想到"三天打鱼，两天晒网"的情形 / 060
- 第13天　让努力"可视化" / 065
- 第14天　学会早起 / 070
- 小分享　将读书的乐趣放大10倍的方法① / 075

任务3 构筑适合自己的学习方法

你不是不会学习，只是不知道正确的学习方法 / 077

- 第15天　活用"消失"笔记法和"考试"笔记法 / 078
- 第16天　抓住"当日、次日、周日"的时间点复习 / 083
- 第17天　计算"可用时间" / 088
- 第18天　检查自己的应做事项 / 093
- 第19天　掌握"回针缝记忆法"，背诵如此简单 / 098
- 第20天　背诵文章要"分段重复" / 103
- 第21天　没有干劲时，"欺骗"自己 / 108
- 小分享　将读书的乐趣放大10倍的方法② / 113

任务4 在月考、期中、期末考试中考高分
你想改变自己吗？绝对能改变的 / 115

- 第 22 天　打造随时随地便能记忆的"学习主题乐园" / 116
- 第 23 天　切忌"粗心大意" / 121
- 第 24 天　揣摩出题者的意图 / 126
- 第 25 天　制订计划要留有余地 / 131
- 第 26 天　和出题者反复"对话" / 136
- 第 27 天　依靠学习缓解学习压力 / 141
- 第 28 天　试着改变学习环境 / 146
- 小分享　笔记是谁的？ / 151

任务5 不要逃避学习，要享受学习！
努力到最后一刻，相信自己 / 155

- 第 29 天　去"智慧圣地" / 156
- 第 30 天　困扰时就付出更多努力 / 160
- 考试当天　不到最后 1 秒不停笔，相信自己 / 165

后记 / 171

任务 1
"浓缩"课堂时间

上课要由被动变主动

合理利用早晨的时间

"小茂,明天提前 30 分钟去学校吧。"

"什么?"

"就这么办。所以你今天早点儿睡,明天开始我来当你的家教。"

昨天那个像大叔一样的怪怪的小学生这样对我说。

好麻烦啊,不想起啊……在被窝里磨磨蹭蹭的时候,门铃声"叮咚、叮咚"地响了起来。不会吧,真的假的?

"小——茂,起床上学啦!"

那家伙的声音从走廊里传来。那个小学生到底是谁啊!太让我感到羞耻了。

"小——茂,起床上学啦!"

拜托,不要再叫了!我从床上飞滚下来跑向玄关,看见老妈穿着睡衣对我笑眯眯的。天呐,饶了我吧。

往常我都是踩着点上学,今天早出来 30 分钟,上学路上的情景与以前有很大的不同。擦肩而过的人,还有往同一个方向走的初中生,没有一个人因为怕迟到而焦急,大家都精神抖擞。

7点30分左右我进入教室，对于眼前的景象我简直不敢相信自己的眼睛，竟然已经有三位同学在学习了。其中一个是我从小到大的好朋友直木。

"早、早上好……"

"噢，小茂！今天来得挺早嘛！早上好！"

"直木，你每天几点来？"

"哦，7点来。但我不是最早的哟，他来得更早。"

直木指了指小淳。真的假的？虽然他们没有交流，但感觉有一股力量把他们三个人牢牢地连在了一起。脊背挺得好直啊。

我没有要做的事，所以和大家一样打开了课本。不知为什么注意力比往常更加集中了。这种感觉是怎么回事。快8点时，人一下子多了起来，感觉和刚才的氛围完全不同，好像换了一个地方似的。一过8点，有同学哒哒哒地跑过来，双手高举过头顶，上气不接下气地说着"安全到达"，这不活脱脱就是以前的我吗……有那么一点儿难为情。

放学后一回到家，就看见昨天那个小学生悠闲地坐在我家客厅吃着零食。他一看见我便抬了抬眼镜说道："小茂，你踏出了第一步。好了，我们开始吧。"

大家好，我是清水章弘。下面由我来代替谜之小学生阿学向大家进行解说。

> 我是清水

一个玩网球的朋友曾对我说："平庸的选手是用尽全力去打飞来的球，而优秀的选手都是从容地跑到球的落地点，平稳地打回去。"

除了体育运动，这句话也同样适用于学习和工作。正是这份"从容"造就了优秀与平庸的不同。

清晨，早早地到达学校或公司有三个好处。

① 可以体会到小小的"优越感"。

从"踩着上课铃到班级"转变成从容地坐在座位上看书，可以体会到一些优越感。说不定还会为以前的自己感到羞耻。"我已经不是以前的我了"，为自己的改变而产生自信。

② 可以平复心情。

踩着点上课或慌张地跑到公司时，心情会很浮躁，不可能集中注意力听课、工作。而早到5分钟、10分钟，便能快速进入学习或工作状态。

③ 能够活用早晨这段"学习的黄金时间"。

不知道大家有没有这种感觉，早晨的时间比下午的时间过得更慢、更充裕，而且早晨头脑比晚上更清醒。正如"晚上写的信最好在早晨修改之后再投寄"，因为晚上偏向感性思维，早晨

合理利用早晨的时间 | 第 1 天

偏向理性思维，早晨思维更清晰。请在充裕的时间内以清醒的状态去学习。

不要"被时间追赶"，而要"主动追赶时间"。不做时间的奴隶，而是成为时间的主人，努力去改变与时间的相处方式。

● ● ● ● ● ● ● ●

早晨看见的景象给了我巨大的冲击。优等生好像在遵循着特有的生存法则。

"小茂，你之前都是'被动听课'吧？"

"啊？那不是理所当然的吗？"

"那样可不行。首先从根本上改变课堂时间的使用方法吧。"

"什么、什么意思？"

工薪族小学生的眼睛在闪闪发光。

总结
不被时间追赶。
主动追赶时间。

第1天　早点儿去上学的好处

① 能够体会到小小的优越感。

② 可以从容地听课。

③ 能够以清醒的头脑预习功课。

从容的行动可以更好地促进大脑运作！

拒绝被动听课，请主动上课

今天早上，我心里想着"一定要在那个小学生来之前起床"，所以比昨天起得要早。以前即便闹钟响了，也会在被窝里磨磨蹭蹭，这次却能自发地早起，真是不可思议。

晚上，那个工薪族一样的小学生又来到我家。他看起来比昨天还高兴，昂首挺胸、神神气气的。1米3的身高看起来像1米4。

"你好！"

"哎呀，阿学，你好。"

我对老妈开玩笑地说："隔壁的小学生在给我当家教。"她莫名地很兴奋。本想跟她说"你明白让一个小学生来教我学习，我是什么心情吗"，但最后没有说，因为按阿学说的清晨一大早去学校之后，我知道了自己的无能，所以也就自然而然地接受了他的来访。

虽然只是打开课本看了一小会儿，但心情就会很平静，课本内容也毫不费力地进入大脑。当然，我想早来的原因也包括我觉得早早来学校学习的同学很帅气。

说起来,足球队队长曾经说过,"我虽然很讨厌马拉松,但自主练习跑步时心情却很好"。

难道学习也是自己主动去做才会一点点变快乐吗?

向阿学传达了我的疑问后,他背对着我,说了下面一番话。

"幸好你在成人之前便发现了这一点。学习会伴随人的一生。越早地发现学习的快乐,人生就会越丰富哦。"

然后,阿学哗啦啦地从塑料袋里取出了什么东西戴在脸上。他一回头,原来是戴上了博士帽和假胡子(胡子两头还会翘起来)。

"喂,从现在开始我来给你上课。请称我为Professor·阿学。"

"P、Professor?"

"没错,Professor。就是教授啦,教授!"

他满意地点点头,开始给我上课。

· · · · · · ·

大家在听课时感觉用脑需要用到什么程度呢?

有人觉得"我一直在努力听课,所以大脑一定在全方位运作",但是实际上,人在听课时几乎没有用到大脑。

"只是坐在那里听老师讲课,大脑的活跃程度和睡觉时一样"——这是哈佛大学教授、物理学家埃里克·马祖尔在某次演讲时曾提到过的。

重要的是要意识到"被动听课时,自己并没有用到大脑"这一点,思考"如何才能主动地去上课"。如此一来,就像足球队队长说的那样,主动上课时,心情会一点点地好起来。

那么,如何才能主动上课呢?有两个要点。

① 有意识地听"老师想要传达的信息"。
② 给自己下达"任务"。

先从第 1 点开始说明。即使全班同学都是在被动听课,但有一个人绝对是主动地参与到课堂中,那就是授课老师本人。老师在授课过程中会注意所有的事物,其一就是"教学计划",即确认课堂是否在按照计划进行。老师在上课之前会写"教案","教案"就如同课堂的设计图,上面写着"今天的课堂目标"。

我们要带着这个目标去上课,要一边思考"老师想要传达的信息",一边听课。那些内容就是课堂的知识要点,当然,日后的考点也出自那里。

例如英语课,老师说:"今天讲 be 动词的疑问句,学习如何把肯定句变为疑问句。"我们就要有意识地告诉自己:"好,把肯定句变为疑问句。"有目的地听课,大脑会更容易进入学习状态。

不过,即使我们有意识地去听"老师想要传达的信息",但注意力却不会一直集中。此时就要注意第 2 点：给自己下达一些任务，任务课题是"必须做这个"。

推荐的任务是"如果有人做笔记，自己也做"。如果有人做笔记，自己也要做笔记，而且要记到脑子里！自我下达任务，不仅能在上课时保持紧张感、迅速地记笔记，课后也容易回想起课堂内容。

我们会觉得别人强塞过来的任务"讨厌，真麻烦"，但自我下达的任务却不会感觉那么辛苦。请大家一定要试试看。

- - - - - - -

"主动吗？"

我自言自语道。看着阿学的脸，我从他歪歪的嘴角中能感知他心里想着"我要说经典台词啦"。假胡子一翘一翘的，一副忍不住要说些什么的样子。

"小茂……"

要说了，要说了……

"可以用一下厕所吗？"

总结 课堂上有人做笔记的话自己也要跟着记。

第2天 拒绝"被动"听课的方法

① 有意识地听"老师想要传达的信息"。

② 给自己下达"任务"。

"被动"听课不能调动起大脑,认真想一想如何主动上课吧!

优等生不会浪费课堂时间

我有一个朋友叫直木，从幼儿园开始就一起玩。他加入了棒球队，是"4号击球员"，并且是王牌选手，而且成绩还名列前茅。真是奇怪，棒球队的练习明明很忙，他究竟是什么时候学习的呢？

课堂上，我看着直木，发现他在老师写板书的时候和其他同学有些不一样。

一般在老师写板书时，大家会跟着写。不断地抬头、低头，从后面看就像做脖子操一样。但直木不同。他一直盯着黑板，看一会儿后才唰唰地写。那是在做什么呢？

"啊，对直木来说那很习以为常吧。"

问了阿学后，他这么回答道，好像从很早以前就对直木很了解似的。

"小茂，你没听过这样的话吗？'既擅长运动，又头脑聪明的人，大脑构造与其他人不同。'那是骗人的。大脑奇特的人当然也有，但只有很少很少的一部分人。而那些聪明人有着相同点。"

"相同点?"

"他们都善于利用时间。"

"利用时间?"

"没错。他们经常思考如何把现在的时间'浓缩'。"

• • • • • • •

同样是听课,如果不浪费课堂时间、"浓缩"时间,就可以实现高效率地学习。那么,如何"浓缩"时间呢?有三种方法。

① 边点头边听课。

一边"嗯、嗯"地点头,一边上课。人一旦对某样事物感兴趣,大脑就会开始运作。例如,如果有人谈论起你喜欢的艺人、歌手、漫画,你很容易就会听到。上课也一样,兴趣会诱导出集中力。

有人会反驳说:"但是,上课很没意思啊!"这种时候,哪怕自我欺骗也好,要边点头边想"好有趣啊""原来是这么回事啊"。那么,不可思议的事情便会发生:大脑"被骗",我们开始认真听起课来。

这个方法还有意想不到的"好处",那就是能受到老师的喜爱。老师一个人在讲台上说话实际上是很孤独的,他们很在意这些知识有没有传达给大家。如果有学生一边点头一边"嗯嗯"地回应,他们就会放下心来,根据学生的反应接着讲课,还会把点头的同学看作"主角"。

② 读三遍后写下来。

一般大家在听课时，会先看一下黑板，再把黑板上的字"照抄"到笔记本上，不断重复这样的动作。"照抄"就是再来一遍，这个动作几乎用不到大脑。为了使大脑高速运转、"浓缩"课堂时间，请尝试这样做：**读三遍老师写在黑板上的字（重要的术语等），然后再写在笔记本上。**快速地用眼睛看三遍。如果是术语，读三遍后便能记住。之后写在本子上就相当于第一次复习，不仅缩短了时间，在家复习时也容易回想起来，进而可以流畅地推进复习。

③ 思考一个问题。

听课时有意识地思考"下课后问老师的问题"。有趣的是，**当我们有问题意识时，大脑就会开始高速运转。**提问时，我们要进行划分，"到这里我都懂""从这里开始往后不明白"。如果对"不明白"的地方不明确，就无法提问。实际上，这个划分正是理解知识的行为之一。将**"会与不会"**的问题进行划分，界限分明，就能防止"下课后才发现自己稀里糊涂的"！

●●●●●●●●

"原来直木就是一边这样做一边听课的啊。我也学学他吧。"

"小茂，你多多少少变得认真了呢。"

"你指的是什么?"

"喂,你知道'学习'这个动词的词源吗?"学习"来自于"模仿"这个词。你现在打算模仿直木的行为,这就是学习的本质。如果想要变聪明,一开始就要模仿聪明人的行为,并且在模仿的过程中形成自己的模式。"

第一次被阿学夸赞,我很开心,接着开始谈论起直木。阿学闭上眼慢慢地点头,所以我高兴地一直对他说。看见对方点头心情会很愉快,的确会有对方学会了的感觉。转瞬之间我听见了特别大的呼噜声。这个家伙!!!

总结　边点头边听课。

第3天 "浓缩"课堂时间

① 边点头边听。

② 读三遍,记住后写在本子上。　　③ 思考一个问题。

课堂上理解加熟记,双管齐下提高效率!

三明治复习法

第二天正好赶上换座位，直木坐到了我的旁边。

"小茂，以后多多关照啊。"

温柔的直木笑着对我说道。啊，这就是命运啊。我有一瞬间甚至怀疑"这是阿学施的法力"，不过应该没那个可能。我立马悄悄地观察直木，找一找有没有其他能模仿的地方。但是，老实说，这么观察他好吗？不，还是直接问吧。

"直木，你现在方便吗？"

快上课时我本打算问问他，但直木一直看笔记，没注意到我在跟他说话，然后就开始上课了。下课我想着立马搭话，但他跟课前一样一直看笔记。直木究竟在看什么呢？

回到家跟阿学报告了直木的行为。

"啊，是三明治，'三明治复习法'。"

"三明治？"

"优等生都有变聪明的读书法，他们都在悄悄地做。你遇见我真的算你幸运。"

令人耳熟的台词，让我想起了第一次遇见阿学时的对话。

· · · · · · ·

有没有人"想提高成绩，但又不想增加学习时间"呢？"别白日做梦了"，你或许会这么认为。但是这种"白日梦"实际上是有的，那就是"课前和课后1分钟要进行复习"。

顺序如下：

① 课堂开始前的1分钟，复习上次课的笔记。
② 课堂结束后的1分钟，复习这次课的笔记。

很简单吧。

这1分钟的复习用来做什么呢？答案是回忆课堂，再现课堂。

例如，周三和周四有数学课，今天是周四。

这时，课前1分钟"目视"解答周三学过的问题（关于"目视解答复习"，第16天会进行详细说明），再复习一次"这道问题怎么解答"。等上次课的内容重新进入大脑后再开始新的课程。如此一来，也容易集中注意力上课。因为老师是根据上次课的内容来教授新知识的。

下课后，再次"目视"解答刚刚学过的问题。如果不能马上想出解答方法，就代表没有集中注意力听课，要自我反省。

养成习惯后，听课时就会有意识地想着"课后再次解答时，如果解答不出来多困扰啊"，所以听课的注意力会跟着提升。给自己下达任务：为了课后能顺利解答，认真上课吧。

也有人认为"如果课前和课后的1分钟用来学习，休息时间就减少了"。请放心，课前课后的1分钟一般都是"吵吵闹闹地"发讲义，没有什么实质内容。实际上，如果老师制订50分钟的讲课计划，一般会除去"喧闹时间"，算作48分钟。

利用课前和课后1分钟的复习把课堂变成"三明治"，所以这个读书法被称为"三明治复习法"。直木并不是有意不搭话，他也许就是在实施该方法。

而且，"三明治复习法"可以应用到各种场景中。

例如洗澡。浸泡在浴缸里，试着回想"今天学习了哪些知识呢"？因为并不是一下课立马回想，所以回忆起来会有点难度。但泡澡时人的头脑会很清醒，所以可以说这是最佳的复习时间。

我在经营一家补习班，和员工开会时也会用到该方法。会议刚开始前的1分钟用来总结上次会议的内容，共享本次会议的目标。会议结束后的1分钟用来总结本次的会议内容，确认下次的日程或者此前各自的任务。只做这些就能大幅度提升会议的效率。

● ● ● ● ● ●

"Eureka(我找到了)！"

阿学大声叫着并站起来，吓了我一跳。

"据说阿基米德在泡澡时想到了阿基米德原理的线索，

大叫着'Eureka',光着身子跑了出去。"

这么说着,阿学脱掉了T恤,脱下裤子的瞬间,老妈开门进来了。她目瞪口呆地说:"你、你们在干什么?!"阿学急忙装出一副哭鼻子的样子,对老妈说,"阿姨快救我!小茂欺负我!"

这家伙!

总结　泡澡是绝佳的复习时间。

第4天 做到课前复习和课后复习

上课之前……

复习上次的课堂内容

下课的瞬间……

复习本次课堂内容

用"三明治复习法"不仅能够容易理解老师的话，也容易记到大脑里。

笔记为复习而存在

"小茂,给我看看你的笔记。"

我把英语笔记递了过去。实际上从昨天开始我就在认真记笔记了。因为学习有点变得有趣起来。虽然不能违心地说字写得好看,但一定是整洁的笔记。把笔记本递过去后,我很是得意。

"啊,小茂,你是自我感觉良好的人啊!"

"自我感觉良好?"

"嗯,就像'镜子啊镜子'的那类人。"

"什么嘛,你说的是《白雪公主》里的人物啊。"

"没错没错。像《白雪公主》里面的皇后那样。皇后问镜子,'镜子啊镜子,告诉我谁是世界上最美丽的女人',得到'是皇后'的回答后就很满足。也就是说,写出漂亮的笔记,看了会自我陶醉的人。"

"……"

"小茂,你果然还是一点也没变。你能不能动动脑筋。"

阿学用食指指了指自己的脑袋。

"你想一想，笔记原本为何而存在？"

笔记为何而存在？我不曾想过。

"小茂，你记住，好笔记，是'容易复习的笔记'和'让人想复习的笔记'。"

● ● ● ● ● ● ●

笔记有"为了提醒自己注意而写下来"的含义。拿课堂笔记来说，写下笔记是为了避免忘记当天学习过的重要内容。也就是说，笔记和课堂是配套的。

在思考记什么样的笔记之前，首先要思考"学习究竟是什么"。

学习是把"不会"变为"会"。

学习大致分为4步：①预习；②听课；③复习；④考试。在把"不会"变为"会"时，它们分别发挥了什么作用呢？

① 预习是为听课做准备。"预习"即"预先学习"，在上课之前把知识点分为"知道/会做"和"不懂/不会做"，为听课做准备，这是"预习"。

② 听课是为复习做准备。如果刚上完课就开始不明白、不会做，听课就没有任何意义。听课和复习搭配才有效果。

③ 复习是为考试做准备。必须对课堂上学习的内容保持"明白/会做"，而考试就是确认你是否真的"明白/会做"。

④ 考试是为预习做准备。如果成绩好，就会想"继续努

力"。如果成绩差，就会反思"下次为了取得更好的分数，该怎么做好呢"。

总结起来，每一步都是"行动的同时思考下一步"。

重要的是在预习时要想象课堂场景，"先看这里，也许听起课来会更容易"；上课时想象复习的场景，"这部分课后要重点复习"。

话题重新回到笔记上。那么，什么样的笔记才是好笔记呢？

① 容易复习的笔记。
② 让人想复习的笔记。

前面说过，课堂是"为复习做准备"。因此，课堂笔记是为了便于复习而存在的。

记大量笔记的好处是便于复习（容易回想起课堂内容）。不过，胡乱地写来写去、不使用彩笔的乏味笔记会让人根本提不起复习的兴致（特别是女孩子）。因此，大家可以用喜欢的彩笔书写，或者贴好看的便笺。

● ● ● ● ● ● ● ●

我没有把预习和复习连在一起想过。立马打开了明天要用的课本，如果知晓"上次讲到哪里"，明天的范围也自然一清二楚。

"重要的是把握主题。无论是小短剧还是相声，一开始都会报幕吧？只要知道别人想说什么，理解就会变得顺利流畅。"

原来如此……课本上都写有"小标题",所以只需浏览一下,课堂流程就大致了解了。

"小茂,你知道记笔记是为了什么吗?"

"知道,记录知识。"

"记笔记是学习方法,而不是目的,纯粹照抄板书永远无法成功。我到 10 岁才终于知道。这么一想,以前走了太多弯路……"

阿学像个老人一样望着窗外,摘下了眼镜。好像是在回顾人生,但他只有 10 岁啊……

> **总结** 记笔记的同时思考它的意义。

第5天 学习的同时思考"下一步"，应做事项一目了然

 预习 = 为课堂做准备

➡ 分为"明白"和"不明白"

"易于复习的笔记"才是好笔记

 听课 = 为复习做准备

➡ 把"不明白的知识"变为"明白"

 考试 = 为预习做准备

➡ 基于结果产生做下一步的干劲

 复习 = 为考试做准备

➡ 让课堂上掌握的知识保持"明白"的状态

唯有知晓"应做事项"，才能有效学习，不做无用功。

每周复习本周功课

昨天预习课本只花了30分钟,上课的时候就格外容易理解,自己也感觉理解程度大幅度提升了。如果保持这个状态,全科及格就不再是梦想,我自信满满。

从学校一回到家,看着眼前的景象,我简直不敢相信自己的眼睛。阿学在客厅里哭泣。

"你怎么了?阿学!阿学!"

阿学和老妈一起在看言情偶像剧,电视上演着恋人分手的情节。

"原来如此……第二年……呜呜呜……"

看完之后还流着鼻涕哭泣的阿学说出了独特的恋爱理论。那就是"第二年的倦怠期"。

恋爱的第一年什么都感觉很新鲜,但到了第二年,一点点地感到无聊,好像背负着一颗"分手之前的定时炸弹"。

"但是,小茂,这和学习是一样的。目前为止是按预想顺利进行。不过,下周才是重中之重。只要第二周能顺利,只要第二周能顺利……"

"顺利?"我虚心求教。

"就不用分手了嘛!"

看着号啕大哭的阿学,我脑子里浮现出了阿学喜欢的女孩子。

阿学得出了独特的恋爱理论,如他所说,第二周很重要。**如果连精神松懈的第二周都能顺利,接下来就能形成习惯。** 先来回顾一下从这本书上学到的知识吧。我想让大家看看自己的读书成效,所以请回答以下问题。

如何把课堂时间"浓缩"呢?

试着写出这一周阿学教给我们的经验。

① 早晨早点儿上学有什么好处呢?

➡ _____

② 如何听课?

➡ _____

③ 请说出三种能"浓缩"课堂时间的方法。

➡ _____

④ 什么是"三明治复习法"?

➡ _____

⑤ 笔记为何而存在? 什么样的笔记才是好笔记?

➡ _____

怎么样? 参考答案请看下一页!

① 可以体会到小小的优越感。可以从容地听课。能够以清醒的头脑预习功课。

② 一边听课一边思考"老师想要传达的知识"。自我下达任务,"要是有人做笔记,自己也做笔记"。

③ 边听课边点头。重点内容读三遍记住,然后写下来。一边思考问题一边听课。

④ "课前和课后1分钟用于复习"的复习方法。

⑤ 为了便于复习。好的笔记是易于复习的笔记,是让人想复习的笔记。

回答完美的同学和几乎答不上来的同学都要思考一下,自己是如何解决这些问题的。

答不出来的同学恐怕只是单纯地浏览这本书,被动地接受里面的内容。这些同学请试着每天在课堂结束时,自我提问,变为"老师"来解答。也可以跟别人说"喂喂,你知道如何在课堂上记住那些知识点吗?我告诉你"。也可以请对方教自己,大家通过互相指点来整理思路,这对每个人都有益。

正如阿学之前所说,那些认为自己"这周学得挺顺利"的同学要注意了,用荧光笔在日历上把下周一整周都圈起来,马上"第二周要小心",如此应该就能对自己植入危机感了。

● ● ● ● ● ● ●

"学习有'第二周的倦怠期'……"

我用荧光笔圈上下一周后,用粗粗的红笔写上"第二周的倦怠期要来了！"

"不过，阿学你喜欢什么样的女生啊？"

"你想知道？"

看他的反应，我自责为什么要问他那样的问题。老实说，哪种都可以。在我回答之前，阿学开心地思考着。

"嗯……喜欢的类型啊，会管束人的女孩子让人吃不消啊。"

我想象了一下能够管束阿学的女孩子，只能想到女子摔跤手。我本想说担心那个没用，但忍住了。我已经是中学生了。这样做也许就能一点点地变得成熟吧。

总结　坚持两周，变成习惯。

周日也不睡懒觉

早上睁开眼一看表,已经7点了。慌张地想着"糟了!得赶紧去学校!"后来才想起今天是周日。心里想着"今天做什么好呢",困意渐渐袭来。"今天是周日,真好",于是心安理得地慢慢闭上了眼睛。

"叮咚",轻快的门铃声突然响起。真的假的,搞错了吧?

那家伙经常下午到晚上来,所以今天我也以为他会在那时候来。不,我甚至期待着或许周日休息。啊,是我太天真了。

"小——茂,来——玩——吧!"

那家伙的声音从走廊里传来。太丢人了,无视。

"小——茂,来——玩——吧!"

别叫了,别叫了!我从床上飞奔下来。又来了,饶了我吧。真的饶了我吧。

用力打开门,那家伙拿着秒表站在门外。

"31秒。下周要更快一点。"

我生气地"砰"地关上门并锁好。然后听见他一边用力地吸气,一边说:

"小——茂,来——玩——啊——"

"别叫了!啊——"

十万火急啊,我拉着"超级问题儿童"的手腕将他扯入玄关。阿学把手当手枪,放在脸旁。

"如果对我冷淡,这个手枪就喷火了哦。喂,为了让大脑清醒,现在去散步吧。"

• • • • • • • •

好好地利用休息日,这一天会过得很漫长,这并不局限于读书学习。平日里很难多挤出1小时,但在休息日,只需下一些功夫就能"创造出时间",哪怕是两三个小时。

休息日的早上,有很多办法可以早起。

- 比前几天早睡(这是最重要的)。
- 拉开窗帘睡觉(明媚的阳光缓缓地照入房间,有助于自然醒)。
- 上午安排愉快的计划(可以和他人约好出去)。
- 如果晚起,要控制在比平时晚1小时之内(以免打乱节奏)。

休息日的早上总是拖拖拉拉的人,像小茂和阿学一样去散步吧。沐浴着阳光一点点地清醒,血清素分泌增多,夜晚会睡得更香甜，以免休息日一点儿都不累，晚上睡不着、周一睡眠不足。

来想一下起床后如何安排休息日吧，安排要点是"分段进行"。

① 9:00~12:00（上午）
② 13:00~16:00（下午）
③ 16:00~19:00（晚饭前）
④ 20:00~23:00（晚饭后）

像这样分为 4 个时间段，每段 3 小时。首先大致决定好每个时间段该做的事情。例如，①学校的作业；②自由时间；③购物；④一周的复习。

当然了，我们不可能 3 个小时一直持续地学习，其中的 1 个小时可以用来休息，休息一会儿后再继续学习。不过，"休息和学习"同时进行、拖拖拉拉的学习还是趁早放弃吧。那样会降低效率，"明明集中注意力花 30 分钟就能搞定，怎么用了这么长时间还没做完"。不要边看漫画、电视边学习，学习时只看课本。

最合理的学习节奏是"40 分钟的学习"+"20 分钟的休息"。 按 3 个小时算，就是"（40+20）+（40+20）+（40+20）"这 3 组，即能够确保 2 个小时的学习时间。

而且，分为 4 个时间段还有一个好处。如果一上午荒废过去了，就会觉得"啊，今天什么也没干"，然后无所事事地度过一天。但如果分为 4 个时间段，就可以重新调整心情，"就算上午什么也没干，也只不过是一天的四分之一啊"。

"我知道,休息日一整天都荒废掉,会很可惜的。"一边在公园散步一边学习休息日安排方法的我意外地认可这个过法,立马决定今天晚饭前的 2 小时拿来复习上周的功课和预习新知识,其余时间可以看看漫画。好像可以做到。

"顺便问一下,阿学你休息日都干什么呢?"

"我呀,最近在下围棋和种植盆栽。早上 5 点起床,给盆栽浇水、修剪。"

"阿、阿学,你多大来着?"

我没有错过阿学的笑容。

"我?我啊,TEN(10)岁。"

好、好,你是天才。这是今年特有的"段子"吗?我一副受到打击的样子继续散步。

总结
休息日早起。
划分时间段。

第7天 休息日划分时间段，防止拖拉

早饭

9:00
~
12:00
上午　　学校作业时间

午饭

13:00
~
16:00
下午　　购物时间
~
19:00
晚饭前　预习、复习时间

晚饭

20:00
~
23:00
晚饭后　自由时间

就寝

把一天分为几个时间段，就可以避免荒废一整天！

用透明文件袋整理讲义

我经营的补习班主要以初高中生为对象进行学习指导。

经常会看到他们弄丢讲义，尤其是初中生。在书包最底下团成一团，然后忘得一干二净。

这样一来，就无法回顾试卷、分析出题倾向、反思自己的弱项，如果弄丢了写有通知的资料，很可能就会遗忘一些重要事项。

不管怎么说，如果不整理携带的物品，头脑里的思绪也将是一团乱麻。

绝不可以把整理物品小看为"不就是整理一下讲义嘛"。把讲义分类整理成"必要/不必要"两类和思考"要点是什么"是一样的。通过收拾整理，自然而然就能培养出学习中最重要的心态。

养成整理讲义的习惯吧。

将发来的讲义大致分为三类。

① 课堂讲义，课堂上使用的讲义。
② 考试试卷，小考的试卷和答案、定期测验等。
③ 通知资料，写有出题范围的资料等。

按照学科整理讲义

把每一类讲义按学科进行细分，分别放入相应的透明文件袋

用透明文件袋
整理讲义 **小 分 享**

里；再准备 3 个文件盒，把三大类讲义放入各自的文件盒中。 总是会弄丢的人把收到的重要讲义贴在笔记本上吧。

按照学科分文件袋

每个学科使用 1 个文件袋。 里面放入发放的讲义。 有某个学科课程的当天，把相应的透明文件袋放入书包里带上。 把新的讲义立即放入文件袋里就能避免丢失。 而且使用透明文件袋可以看到里面的内容，整理时也能自然地看见其他学科的讲义，形成记忆，达到复习的效果。 把新的讲义放在面前，就能随时查看最新的知识内容。

将考试范围贴在目光所及的地方

收到通知类别的资料后，就贴在平日里目光所及的地方。 也可以放在桌面透明塑料垫的下方。

考试后按文件袋整理

考试结束后就可以把透明文件袋放到纸箱里。 但是纸箱会渐渐变满，届时就需要我们有选择地扔掉。 有人怕忘记以前的知识点，别害怕，教学计划大多是"螺旋式"的，所以重要的内容会再次出现，到那个时候复习即可。

任务 2
成为小考考高分的学生

取得高分，享受成就感

把学习当作游戏

"小茂,怎么样?学习是不是很有趣呢?"

"嗯,虽然还不到'我想学习'的那种程度,但起码现在觉得'学习也不错'。"

"哦哦,那太好了。那么,今天就来讲讲"干劲"吧。小茂,你喜欢玩游戏吗?"

"游戏?太喜欢了。游戏我能一直玩,无论多久。"

"是嘛,那也可以把它应用到学习上。也就是说,可以试着把学习当作游戏。"

"把学习当作游戏?那是指什么啊?"

• • • • • • •

学习和游戏都可以这样表述:有趣才能坚持。

并不是所有游戏都能一直坚持玩下去。如果遇见怎么玩都无法通关的超难游戏,我们中途就会放弃。同样,过于简单的游戏也会感到"无聊",立马就厌烦了。

也就是说，游戏能否坚持下来与"级别"有关。我们都喜欢玩只要按照正确的攻略努力，就能顺利通关升级的游戏。

那么，如何学习才能像玩游戏一样快乐呢？总结起来就是以下两点。

① 掌握正确的学习方法。
② 通过眼前的小测验体会成就感。

如果没有掌握正确的学习方法，哪怕付出再多时间也无法学会。搞错了做法，坐在书桌前学了很长时间也出不来结果，就会感到"反正我做不出来"，失去干劲（经过学习后认为"自己没有能力"，心理学上称之为"习得性无力感"）。

学习方法自然因人而异，100个人就有100种学习方法。然而那100人里并非所有人从小时候起就善于学习。就像运动员需要教练一样，读书也需要教练来指导"学习方法"。

不过能够指导我们"学习方法"的人并没有那么好找，所以就先由本书来代替一下教练。

前面也提到过，学习是把"不会"变为"会"。掌握"学习方法"就可以体会到"明白、会做"的喜悦感。小学低年级时，全班同学会举手说"是！""明白了！"每天都能体会到"掌握"新知识的畅快感。这份"明白、会做"的喜悦感就是快乐地持续学习的最大诀窍。

所以重视眼前的小考吧（例如测验、月考等）。把它们想象成通关游戏，每次通关成功后，就会出现"GOOD！"

"CLEAR！"之类的祝贺词语。此时的喜悦和成就感会支撑我们"继续做"。如果通关需要的时间过长，我们就会失去干劲（即"超难游戏"），而如果努力在间隔时间较短的小考中考得高分就能持续获得干劲。

重要的是体会"明白、会做"的那份喜悦，获得高分后的"夸赞"，保持好心情继续学习。

● ● ● ● ● ● ●

"小茂，怎么样？明白了吗？要掌握学习方法，重视眼前的小考。"

"原来如此。这样看来，学习的确和游戏是一样的。"

"下一次小考是什么时候？"

"明天学校有汉字测验……"

"好，今天就从汉字开始学起吧！"

阿学随意地打开我的书包，取出汉字练习册。在考试中取得好成绩心情的确会很好，但是，如何才能取得好成绩呢？我等待着阿学的指示。

"该怎么做呢？"

"首先你愿意怎么做就怎么做吧。"

"你不教我学习方法吗？"

阿学眯起眼睛，冷淡地看着惊讶的我。

"不要撒娇了,明明都是初中生了。"

可恶,自大又狂妄的小学生……

"首先抄写 30 分钟的汉字。"

"嗯嗯,好吧,我试一试。"

> **总结** 掌握学习方法,在最近的小考中取得高分吧。

第8天 学习就像打游戏,顺利通关!

"做到的喜悦"会成为最好的夸赞

保持好心情,继续学习

"努力便能通关的游戏=小考"接连不断,学习也会变得有趣!

掌握小考攻略

"小茂,你还要更加努力,这个样子期末还是会不及格的。"

拿到测验答卷的我惊呆了。以前汉字测验都是"裸考",这次我还做了 30 分钟的应考复习,怎么只考了 40 分。

就算你对我说"再努力一下",我也不知道该如何努力啊……

回到家就看见阿学在房间里。上小学的时候即使在公园里面一直玩也不会被骂。真羡慕小学生啊。

"欢迎回来。我想你现在心里面一定在羡慕我吧。"

"你怎么知道的?"

"你的表情出卖了你。不过小学生也很辛苦的,要笑着大声说'是',演小屁孩也是很累的。"

我越来越不明白在我面前盘腿而坐的小学生究竟是何方神圣了。

"汉字测验考了多少分?40 分?"

"你怎么又知道了?"

"都写在你的脸上了。你的脸上写着'我考了40分',想着'明明努力学习了,自己还是做不到,这是为什么?果然自己很笨'。你觉得自己是悲剧英雄吗?喂,你觉得自己是悲剧英雄吗?"

阿学开心地取笑我,我急着想反驳但又做不到。因为他说得没错。

"小茂,你有信心改变自己吗?是认真的吗?如果你一直是这个样子,就永远都是失败者。怪罪于与生俱来的能力,觉得自己是悲剧英雄,终其一生。"

阿学只是想强调"我在假装自己是悲剧英雄"吧,不过阿学说得听起来都对。

"如果真心想改变,就照我说的做。"

"阿学……"

我涌起强烈的决心,握紧了自动铅笔。

● ● ● ● ● ● ●

小茂做出了30分钟的努力但并没有得到理想的结果,那是因为他搞错了"努力的方法"。

前一天学习了一下,但睡一觉转天就忘了。因为那只是"短期记忆"。

虽然很快就会忘记但能暂时性地记住,就是"短

期记忆"。而相对地,就像好朋友的名字一样,即便过了很长时间也难以忘记,这样的记忆就是"长期记忆"。

想要提高成绩,最重要的是把短期记忆变为长期记忆!

把"短期记忆"变为"长期记忆"有三大要点。

① 通过测验的形式反复牢记。

② 不要死记硬背,要搞清楚含义后再去记(参照第10天)。

③ 利用情景记忆(参照第11天)。

下面就来讲一下第一点,"通过测验的形式反复牢记"。

反复记忆不是只记1次,而是分为多次,增加记忆的次数。不是"就看看"或者"就写写",而是提出问题、解答问题,做成考试的形式。

测验大多一周就会考一次,所以我们就按周来举例。

首先把一周分为"3天、2天、1天、1天"这四个时间段。

从周一开始,周一、周二、周三这三天为第一次记忆,周四、周五是第二次记忆,周六是第三次记忆。逐渐缩短天数是因为随着记忆的重复,记忆所耗费的时间会变短。周日拿来备用,因为要考虑到感冒等意外情况,制订计划时必须空出一天当作备用日。

也许有人会问:"复习可以只做第一次记忆时出现错误的部分吗?"回答是最好全部重新记忆并检验。

美国普渡大学的卡皮克博士把美国华盛顿大学的学生分组做了一个实验,请他们记忆40个斯瓦希里语词汇。结果显示,只重新测试错误问题的学生和全部重新测试的学生在一周后相比,后者记得更准确、牢固。

不要只重新复习第一次记忆时出现错误的部分，重新全部过一遍才是走向熟练记忆的最短距离。

• • • • • • • •

"这么厉害的方法吗？有这种方法你应该先告诉我呀。"

"大傻瓜。读书啊，最重要的是学会自己去思考。失败乃成功之母，从失败中才能吸取教训。所以这次是故意考考你，结果你只考了40分。只有这样你才会反思'该怎么办'吧？"

"阿学，你真为我着想……"

"还行吧，因为我是专业的家庭教师呀。"

阿学好心情地自夸道，他的眼镜像往常一样掉下来，看起来跟演喜剧一样……

> **总结** 测验的对策是分三次记忆，
> 没做错的问题也要重新来一遍。

第9天 背诵时,增加记忆的"次数"!

如果一周背30个单词……

（周一）测验&背诵10个单词
（周二）测验&背诵10个单词
（周三）测验&背诵10个单词
} 每天以测验的形式背诵10个单词。

（周四）测验&背诵15个单词
（周五）测验&背诵15个单词
} 每天以测验的形式背诵15个单词。

（周六）测验&背诵30个单词
（周日）备用日
} 以测验的形式背诵30个单词。

通过测验的形式多次背诵,加深记忆。

哪怕不合理也要用用看

前面说过测验的对策是"3天+2天+1天",这意味着必须立即开始第一次背诵。老实说,反复测验虽然"麻烦",但随着大脑的活跃,记忆速度会逐渐加快。遇见阿学后,能感觉到自己一点点地变了。虽然只是刚刚开始,但感觉"自己在认真做"。

"我回来了——"

回到家一打开门,就看见阿学两手叉腰、叉腿而立。他穿着一件白色T恤,上面用粗粗的马克笔写着丑丑的"+α的超力"。

"加号阿尔法的超力吗?"

"不对!"

"加号阿尔法超大声力?"

"笨蛋!是加号阿尔法的努力啦!"

我想起了小学生"用拼音写没学过的汉字"的独特方法。那时候的学习就像"一横排"走路,学习程度都一样,真好。我确实输在了起跑线上。未来会一直那样吗?

"小茂,世界因竞争而存在。无论是运动还是学习,一直在竞争中失败的人就会认为自己是'无能的家伙'。你绝对不想要那样的人生。我来教你在竞争中胜出的秘诀吧,那就是付出'+α的努力'(付出比别人更多的努力)。"

要积极地做没有做过的事。很多人都会付出"+α的努力",不只是在学习方面。例如,在棒球队"想成为正式队员",就付出"其他队员+α的努力";奏乐队"想在汇演上获奖",就付出"其他学校+α的努力"。

昨天说的"通过测验的形式反复牢记"也可以说是"+α的努力"。今天就来讲讲把"短期记忆"变为"长期记忆"的第二个要点:不要死记硬背,要"搞清楚含义","试着用用看"。

学习某个知识点时,不要死记硬背,而是要搞清楚含义后再应用那个知识,这样才便于记忆,这是脑科学的常识。如果你打算付出"+α的努力",那么就试试这个方法吧,学习效率应该会大幅度提升。

例如,在学习汉字时实践"搞清楚含义"和"试着用用看",就会出现以下画面。

① 用辞典查阅该汉字的含义和相关词语。
② 阅读用到该汉字、词语的例句。

③ 应用该汉字、词语写文章。

1和2是"搞清楚含义",3是"试着用用看"。只是反复书写学过的汉字,还是达不到学以致用的效果。要把字变为两字词语,应用到日常生活中。即便不合理也无所谓。

例如,初中会学到"驱"这个字。查字典后会出现"驱动""驱逐""驱赶"等词语;然后用它们造句,"用电池驱动""驱逐敌人"等;再试着用用看,发现蚊子后,就可以说:"驱赶这个蚊子!"

学习英语单词后,首先查阅多个例句了解含义,然后试着自己造句。其他学科也是如此。学习数学公式后,立即用于解答问题。

我把"搞清楚含义"称为"精致化"。不是不假思考地死记硬背,而是和已经掌握的知识相结合,这样才容易加深印象。把应用知识称作"输出",用错也没关系,一边用一边记,进一步巩固。

● ● ● ● ● ● ●

"怎么样小茂,我讲得很容易懂吧?"

"嗯嗯,通俗易懂。"

"因为我是教育的'先驱者'。"

阿学的眼睛闪闪发光。立即使用"驱"这个字造句,展露出一副"给你看看我的与众不同"的表情。虽然我感觉有点违和。

"也就是说,你教我的方法也一样要立即应用来达到巩固的效果对吧?"

阿学突然抬起胳膊,用力大喊:"没错!"

他看着天花板,食指指向屋顶,另一只手叉腰。我又被吓了一跳。

"怎、怎么了?突然那么大声。"

"加号阿尔法超大声力……"

你这不是挺喜欢的嘛!

> **总结** 学过后搞清楚含义,再用用看。

第10天 学过的立马用起来

【驱】→ 查字典

"驱动""驱逐""驱赶""驱使"……

"驱使"我去运动。
"驱赶"这只蚊子!

搞清楚含义,用起来!
可以迅速把知识化为己用!

利用"情景"记忆，加深印象

学过后立即应用。第二天我在学校立马尝试。

第1节课是英语，学习了疑问词，出现了 What（什么）和 When（什么时候）。课间被同学邀请"去外面玩"，我问道"When?"虽然被他们嘲笑"你怎么了，头被打了？"感到很难为情，不过这样我就不会忘记了。的确有效果。

但是，困难的是第3节的历史课。出现了新词，我查了字典，但在日常生活中根本就没有能用到"绳纹陶器"的场景呀。算了，这个方法在这里不适用。

"所以你就放弃这个科目了吗，小茂？"

"嗯，就是那么回事。"

"笨蛋！"

"什么？"

"笨蛋，笨蛋！'笨蛋'这个词就是为小茂你创造的！"

"你说什么？！"

"傻瓜大笨蛋！！！"

吓了我一跳。突然那么大声,别喊了!阿学大声说话时,眼珠子都快瞪出来了。说真的,怎么看怎么像漫画里的角色。

"那个……告诉你一件事,你知道能达成目标的人和不能达成目标的人有什么不同吗?碰壁时,能达成目标的人会找'方法',不能完成的人找的是'借口'!"

虽然好烦,但听起来好有道理……

"不过,一胜一败。还有一点做得也不错。"

"你在说什么?"

• • • • • • • •

阿学仍旧随心所欲地说来说去,小茂有个地方做得很好,就是尝试使用了"When"。这是实践了昨天说的"试着用用看",这很棒。

还有一个地方做得也很好,那就是他不知不觉中实践了把"短期记忆"变为"长期记忆"的第三个要点,即"在情景中记忆"。

如果出现了晦涩难懂的词语可以使用"情景记忆法",比如突然回想起修学旅行(注:修学旅行是日本教育体系中重要的一环,是以学习为目的的文化教育交流旅行)、运动会等情景。把它们作为通常不会经历的事情,去体验一次后就会印入脑子里。

也无须一定是修学旅行、运动会之类的大事情。例如,课堂上被老师叫起来回答的问题很容易就能记在头脑中。答不上来会感到难为情，如果被批评更容易想起来。

小茂使用的"When"也一样。正因为小茂有了难为情的情绪，所以加深了印象。在日常生活中让"周围的人"也参与其中更易于加深我们的记忆。

出现很难把知识编入日常生活的情况时，有两种方法可以使其情景化。

① 在课间和朋友相互提问。
② 自己"当老师"试着解说。

课后与同学们互相提问，不仅能制造输出机会，还能进一步促进自己去思考"老师想传达的信息"（即听课方法的要点1）。提问时注意两点：一要涉及"重点"，二要"尽量让对方回答不上来"。

如果找不到伙伴时，也可以自问自答，假装自己是老师，一个人试着解说。比如"绳纹陶器"，试着提问"绳纹陶器是什么样的东西"，如果能够概括地说出与它相关的关键词、年代，就容易加深记忆。

抵触出声说话的人也可以"对口型"。不过，出声也有好处，即"听见自己的声音更易于加深记忆"，所以希望大家积极发出声音。

以学过的知识为问题，互相提问解答或者边回想课堂内容边解说，借此整理知识、加深记忆。

"之前我都没有自己编过问题呢。"

"没错,像你这样的学生很普遍。不过,人生只有一次。你打算永远只解决被抛过来的问题吗?"

"话题突然这么深刻了吗?"

"不要只解决别人抛过来的问题,小茂你要到'抛问题的这一边'嘛……"

这家伙要干什么呀?虽然心里不乐意,但我还是静静地点头。我这是温柔体贴吧?

> **总结** 互相提问,
> 或者自己重新解说学过的知识。

第11天　把想记住的知识"情景化"，加深记忆！

编制问题，尝试解答！

无论是朋友间相互提问还是"自我解说"，只要试着做就能加深记忆！

先预想到"三天打鱼，两天晒网"的情形

周五 第12天

今天总感觉懒洋洋的，上课时注意力一直无法集中，这或许就是阿学说过的"第二周的倦怠期"吧，想着想着就回到了家。

"嗯嗯，如我所想。"

阿学淡淡地说道，"小茂，你喜欢玩过山车吗？"

"嗯，喜欢。心脏飘起来的感觉真的是太爽了。"

"那你走着走着，突然地面陷落，咚地掉在下面，如果每一天都这样，你感觉如何呢？四周全是陷阱，掉下去时，心脏确实会轻飘飘的。"

"那么恐怖我才不去走呢。全是陷阱的世界太危险了，我说的不是那种感觉啦。"

"是吧。过山车是一点点地上升，降落之前会有'马上要落下去'的思想准备，所以你会放心地享受那份刺激。学习也一样。即使你保持着节奏也会出现'没有干劲'的日子，不善于学习的人会因此身心俱疲。重要的是能够预想到'或许很快就会感到疲惫'的情形，然后掌握如何应

先预想到"三天打鱼，两天晒网"的情形 **第12天**

对没有干劲的方法。"

我看了眼日历，上面用红字标着"第二周的倦怠期要来了！"。

"的确，如果没有事先预言，我在这里或许就倒下了。"

虽然以前我一直被别人说是"三天打鱼，两天晒网"，但现在我觉得找到了原因。之前都是在刚下定决心时就制订出高强度的计划，没有考虑到"没干劲的时候"。

• • • • • • •

"你觉得自己有毅力天天孜孜不倦地学习吗？"

如果被别人这么问，大多数人都会回答"NO"吧。很多人在小时候（说不定现在也是）都会被说"你呀，就是三分钟热度"吧，不论做什么都无法长久持续。

这里强调一点，人原本就会偷懒。

心里想着"干吧"便开始行动，但过了几天就失去干劲，内心懈怠，是大部人都会产生的通病。在"内心懈怠"的驱使下，行动便开始"偷懒"，进而"身体也开始懈怠"。该阶段的关键是行动不要受到"内心懈怠"的牵连。

该如何应对呢？"内心懈怠"时代表内心脆弱，所以不能像以前一样施加同等的负荷。

具体如何操作呢？很简单，降低行动难度。比如之前立的目标是"问题集一日 10 页""每天学习 2 小时",懈怠时可以把应做事项降低到容易完成的程度,"今天只回答 1 道问题""今天只学习 1 分钟"。

于是有趣的事发生了,一旦开始就会想一点点地接着做下去。即便你一开始决定只做 1 分钟,但基本上不会真的只做 1 分钟就结束,多数能坚持 10 分钟甚至 20 分钟。当然也可以只做 1 分钟。因为那本来就是预设的目标。

也推荐"尝试新事物"。例如去买新文具,在没去过的咖啡馆学习。烦闷时也可以去转换一下心情。

但还是会有"束手无策"的时候,那时就睡一觉吧。尽量早睡以便第二天头脑能够保持清醒。

●●●●●●●●

以前我每天坐在书桌旁学习 30 分钟,减到 1 分钟太不像话了,所以就减到了 10 分钟。有意思的是,看表之后发现已经过了 30 分钟。虽然感觉还能继续学,但就做到这里吧。接下来就是睡前时间。

"如果没有阿学你在,我就会一直偷懒了。谢谢你!"

我突然很开心,要和他握手。握到阿学的手后,发现他就像做了噩梦一样浑身是汗。

"你怎么了?"

"啊,我,不能坐过山车,只是想象一下就……"

听了他说的话,我想起了"尖叫机器",只在某个以海贼为主题的游乐园里有。

"有那么恐怖吗?"说起来,那个游乐园里好像就有我们一开始说的突然掉落的场景。

我低头看着一边发抖一边说话的阿学,从男子汉的角度来说,我感觉我战胜了阿学。哈哈,今天是个好日子。

> 总结　"内心懈怠"时降低行动难度,或者干脆睡一觉!

第 12 天　缺乏干劲时就降低那一天的目标吧!

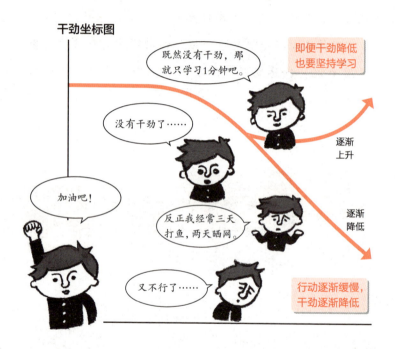

事先预想到"干劲会降低"的情形,有助于克服偷懒!

周六 第13天 让努力"可视化"

今天早上有英语小测验。昨天晚上早早地睡下了,但睡觉之前粗略地过了一遍测试范围,所以考了75分,满分100分。对于英语不好的我来说这个成绩还算不错。离期末考试还有两周,接下来要认真学习了,坚持到底吧!

"世界上有多少人喜欢玩游戏呢?跟大家讲,我呀,可是非常喜欢玩游戏呢。"

课堂上老师提到了游戏。老师今年30岁,他说在他小时候很爱玩口袋妖怪、马里奥、勇者斗恶龙等游戏。虽然我也玩过口袋妖怪,但马里奥、勇者斗恶龙确实有点老土了。不过我也喜欢玩RPG(角色扮演游戏)。

听了老师的话,我感觉人生和角色扮演游戏有点相似。我是主人公,通过获得各种武器一点点变强。这么一看,学习方法和武器有异曲同工之处。"情景记忆法""三明治复习法",得到各种武器挑战考试关卡。小测验结束后还有定期考试,考着考着就到期中考试了。

我觉得阿学就像赐予我武器的魔法师一样。我的游戏的主人公只有我，必须努力！

"阿学，要给我更多的武器哟。"

回到家我向阿学央求道，他一副不解的样子。但可能看我表情太认真，他静静地点头，开始说明。

"把自己的行动细分化，逐步消化直至完成。这样就能知道进行到哪一步了，艰辛程度会减少50%呢。"

● ● ● ● ● ● ●

今天要讲一下努力的"可视化"。

在努力时，如果知道成果在一点点地积累，就能保持愉悦的心态。以刚才的角色扮演游戏为例，玩得越久级别越高，伙伴也越多，中途放弃就会很可惜。

学习也是一样的。学得越久获得的知识就越多，思维方式也会跟着变化，中途停止就会很可惜。道理是这么个道理，但实际上在成果出现之前，例如成绩提高、工作有成效，我们要面对的是单调的每一天。习惯埋头学习的人只有坚信"努力一定有回报"才能坚持下去，否则中途就会放弃了。

所以为了坚持下去，要有意识地让努力"可视化"，直到成果显现出来。为此我们该如何做呢？

大多数人想到的是计量"学习时间"。有的人会把"今天学习了30分钟""明天学习1小时"记录在日记上。但是这样无法长久持续，因为只有"刚开始学习的时候"才会乐于看时间。之前完全不学的人刚把学习时间增加至1小时、2小时的时候会很快乐，但在习惯1小时的学习时间后再用这个方法就得不到满足了。

那么应该怎么办呢？ **不满足于时间计量法的人可以把应做事项"细分化"并写下来，逐条勾掉。**

我喜欢这样一句话，"**蛋糕要切开吃**"。我们无法一口吃掉一整个蛋糕，要切成小块吃。同样地，把应做事项细分化，每项完成后用线勾掉。

例如"背英语单词"，数清个数并把记忆过程细分化。以20个为例：

- 跟着附带的CD每个单词读10遍。
- 每个例句读3遍。
- 进行翻译。
- 拼写单词，每个写5遍。
- 测试。
- 修改错误。

像这样进行细分并写出来，一边完成一边勾掉，循序渐进。不过有时一个人无法坚持下去。如果是学生可以找同学互相监督，上班族可以找同事督促，这样更易于坚持。

说些题外话，我读高中时，曾经和朋友比赛"数用完的笔芯个数"。备考期面对题海，计算题目的个数也会变得有趣，所以我和朋友积极地比用掉的笔芯个数。

请大家多下功夫，千方百计地一点点坚持下去。

・・・・・・

5门功课中我最不擅长的就是英语,只有小测对策是不行的,也要拿出定期考试的对策!把应做事项列出来后,通往挽救不及格的道路就一清二楚了。把这些都勾掉就可以考及格了吧?

"小茂,你终于变得认真了。"

我一直盯着阿学的眼睛。好,放马过来吧!

> 总结　蛋糕要切开吃。

第13天 使"要登上的台阶"清晰可见!

把应做事项细分化,逐步勾掉已完成事项!

学会早起

早晨我做了一个梦：我正愉快地在公园散步，空气却逐渐变得稀薄，难以呼吸。怎么回事？怎么回事？

我难受得醒过来。原来是阿学用脚指头夹住了我的鼻子。

"你在干什么啊？你为什么在这里啊？"

"铃声已经响了31秒。比上一周还要晚，这算怎么回事？"

我对着这个笑眯眯的小学生发了一通火又钻入被窝，打算睡回笼觉。

"喂，小茂，你很困吗？"

"嗯，起不来……"

"掉下去。"

"嗯？"

阿学"咚"地跳到床上开始推我。我就像保龄球一样"砰"的一声从床上掉了下来。

"你在干什么！我不是起来了嘛！"

阿学又笑了。

"我每天早上都会来。"

用脚趾头夹鼻子的起床方法实际上是小时候父亲对我这么做过的（笑）。我记得很清楚，鼻子被夹住后很不舒服，所以一下子就能起来。

又过了一周。这周就回顾一下之前学到的要点吧。首先请大家预想出问题。怎么样？能写出问题和相应的答案吗？（请一定要试着做！）希望大家回答以下问题，这周能答上来几道呢？

●●●●●●●●

① 如何把学习当成游戏？

➡ _____

② 如何应对每周的小测验？

➡ _____

③ 请使用"搞清楚含义""试着用用看"两个词说明一下加深记忆的方法。

➡ _____

④ 如何"利用情景记忆"？

➡ _____

⑤ 如何避免"三天打鱼,两天晒网"?

➡ _____

⑥ 有哪些方法可以让努力"可视化"?

➡ _____

下面是参考答案:

① 掌握正确的学习方法,在即将到来的小测验中取得好成绩。

② 最初的 3 天做第一次测验,接下来的 2 天做第二次,最后 1 天做第三次。不要只重新复习第一次记忆时出现错误的部分,而是要全部重新记忆。

③ 搞清楚新知识的含义,和已经掌握的知识相结合并试着应用,以便加深记忆。

④ 和朋友互相提问,或者"假装自己是老师",自我讲解。

⑤ 把内心懈怠、身体懈怠分开考虑。降低行动的难度,不奏效时可以睡一觉,充分利用次日。

⑥ 把应做事项"细分化"并写下来,然后把完成项勾掉。

怎么样? 在第 11 天也写过,自己提问题时可以思考"老师想传达的信息"。如果正确率比上周高,请比出获胜的手势。对这种小有成就的感觉有所期待吧。

开头写阿学把小茂推下床,这个方法很好用。初高中时代我早上怎么也起不来，那时想到的方法就是"掉下床"。早晨起不来时不要依赖"努力"精神论，而是要采取具体的行动，让自己"滚下床"（但是每天都这么做也会逐渐习惯那种痛感，这一点请注意）。

如果有人"睡不着"可以试着在某一天起个大早，早起的那一天晚上自然就能早睡。

常言道"早睡早起"。早晨是学习的黄金时间，早睡搭配早起，黄金时间的利用率会显著提升。

第4天谈到了"三明治复习法"。那时说的是"把课前1分钟、课堂和课后1分钟变为三明治"，而这次的"三明治"是包括睡前10分钟、睡眠时间和早起5分钟。

人的记忆在睡眠期间会被整理。睡眠期间，大脑会对记忆进行分门别类，"记住这个吧""忘记那个吧"。基本上所有记忆都是被逐渐遗忘的，但在睡觉之前记忆的东西是不容易忘记的。早上再次确认一下昨晚做过的事情，可以进一步加固记忆。

背诵时间合起来就是"晚上10分钟，早上5分钟"。**睡觉前的10分钟进行背诵，早晨再次复习。** 结束复习后再学习需要集中学习的知识。

● ● ● ● ● ●

"终于安全度过了第二周的倦怠期。还有一周就能超越习惯了。"

"超越习惯?"

"就是如果不学习'心情就不好'。就像如果早起不洗脸,你的心情会不好一样,就是那种感觉。这周不可疏忽大意。改变自己时,切记'攻击姿势'。"

> 总结　不浪费早晨时间。
> 　　　尽快地早起。

将读书的乐趣放大 10 倍的方法①

我很喜欢书。除了经营公司,我还会在全国的学校做演讲、上课,有时还会写书,所以比较繁忙。但不论如何忙碌,只要有看书的时间,我就会享受其中。我就是这么喜欢书。

看书也是为了执笔创作,每个月看 20～30 本,一年看 300 本左右。看的书多了,就经常有人让我推荐,"有没有什么有趣的书"。我听到这个问题就会很兴奋,因为想要推荐的书简直太多了。

在这里,我想介绍一下我个人的读书法,并从此前看过的数千本书中挑选出部分"看这本一定不会错"的精品向大家推荐(不言而喻,可以写这个主题,我很幸福)。

此前不太看书的人需要注意的是"不要勉强自己"。一下子挑战晦涩难懂或者很厚的书会令自己心累,徒增"又没看完"的挫败感。下面就介绍一下我在演讲中、课堂上对孩子们提到的"看书阶梯",希望大家能以此为契机爱上看书。

◇ **第 1 步:寻找爱看书的朋友。**

首先寻找"爱好看书"的朋友。周围总会有那么一个人吧。不要只是自己孤零零地看书,要学会借助朋友的力量。可以向他推荐自己喜欢的书,"你看看这本书吧",看完后互相交流感想,"咦,很有意思!""哎! 那个场景太棒了!"等。 和朋友相互谈论,感想会变成双倍。 现在的我也有很多"书友",像这样通过情感共享而结交的朋友是无可替代的。

◇ 第 2 步:从"畅销书"的"短篇"开始看起。

其次是找书店。 现在有各种品类的书,封面也很多样,让人眼花缭乱。 想必大家一定能从中找到喜欢的书,不知该选择哪本时就看畅销书中的短篇集吧。 短篇集是一本书中有多篇短故事。 文库本(小尺寸的书),大体上有 250 页,里面有 5 个左右的小故事。 简单计算一下,每篇差不多 50 页(当然了,有的会更短)。 这样的篇幅立马就能看完。 如果内容不难,只需 40~50 分钟左右即可,用一天中的"碎片时间"就足够了。 "碎片时间"是指坐车的时间、休息时间、厕所时间、等待时间等。 这些时间加起来一天就有 40~50 分钟,所以如果灵活利用"碎片时间",一天就能看完 1 篇。

推荐还没有养成看书习惯的人从多数人评论"有意思"的畅销书中,选择有趣的短篇开始看起。

第 3 步想写在下一个专栏里,届时会推荐 3 本书。 可以直接跳到下一个专栏浏览书单,也可以按照顺序看完正文。 来吧,向读书之旅出发吧!

记录 记录

任务 3
构筑适合自己的学习方法

———

你不是不会学习，
只是不知道正确的学习方法

活用"消失"笔记法和"考试"笔记法

午休时正好遇见足球队的队友们,他们是我现在最不想见到的人。大家都高高兴兴的样子,感觉就算回去也没有我的容身之处。即使没有我,足球队还是照样能组队踢球。

"小茂,你为什么不来?"

"怎么说呢……"

我正要回答,却被别人的声音盖住了。

"小茂好像因为期中考试成绩太差,被父母强制停止社团活动了。"

"喂喂,真的假的?期末考试可要加油啊,等你早日归队。拜拜。"

"早日归队"……我心中不断重复着这句话。这样下去可不行,期末考试必须采取对策。回到家一看见阿学,我突然泪流满面,感觉全世界只有这一个伙伴。

"喂喂,不要哭啊。最近的年轻人真爱哭啊。真是'宽松世代'(日本1987年以后出生的小孩,因奉行宽松的教育方法，被称为宽松世代）啊。"

或许是看着我不笑有点不安，阿学"咳咳"地清了下嗓子开始上课。"喂，小茂，拿着笔记本呢吗？今天教的是我精心研发出来的'超级、super 笔记法'。"

本想告诉阿学"超级"和"super"是一个意思，但我流着泪把话咽了下去。

●●●●●●●

这里给大家介绍两种记笔记的方法。

① "消失"笔记法。
② "考试"笔记法。

前者非常简单。在课上把认为重要的知识（老师在黑板上用彩色粉笔写的知识点以及强调的重点等）立即用橙色笔书写。盖上红色透明卡，字迹就会"消失"（这便是该笔记法名字的由来）。

记这种笔记有三大好处。

第一，一边听课一边思考"哪里是重点"，课上能够集中注意力。

第二，能够制作原创问题集。下课后，可以用它立即展开第一次复习。

第三，能够在课堂上完成，节省了在家总结笔记的时间。

不只是笔记，讲义也可以用到这个方法。填空之类的讲义不要用红色笔写（红色难以用透明卡消除），要用橙色笔写。例如，英语课上老师在讲现在进行时，"现在进行时的形态：be 动词＋ing 形"，用橙色笔书写"be 动词"和"ing"，就变成"现在进行时的形态：＿＿＿＋＿＿＿形"，我把这种需要思考用词的作业称为"用词型输出"。

"消失"笔记法是可以立即使用的方法，但有一个缺点——它只能用于这种"用词型输出"，不能用于"什么时候使用现在进行时"等需要用语言说明的知识，我称其为"说明型输出"。

这时"考试"笔记法就派上用场了。

首先在笔记本左侧画线，左右留出的空间比例为 1∶3。 线条右侧写板书。

那么左侧用来干什么呢？ 左侧写问题，即把右侧的板书变为问题（考试笔记法名字的由来）。 无须把全部内容都变成问题，把"重点"变成问题即可。

记好笔记后，可以像"消失"笔记法一样在课后立即开始考试。 遮挡住右侧，解答左侧的问题。

"消失"笔记法用于"用词型输出"，"考试"笔记法用于"说明型输出"。

· · · · · · ·

我已经忘记了刚才还在哭的事实。因为听了阿学的说明之后，我的干劲熊熊燃烧起来。

"小茂，你喜欢哪一种笔记法？"

活用"消失"笔记法和"考试"笔记法 — 第15天

"嗯,我们初中的老师说过,英语和社会是'总之要记住它',数学和理科是'就算你记住也不一定会做'。也就是说,'要自己能够说明'吧?所以,英语和社会适合用'消失'笔记法,数学和理科适合用'考试'笔记法"。

"哦哦,不错嘛。没错没错,也可以这样划分。那我要提问了,这样的笔记在什么时候复习比较好呢?"

"复习时间?"

我没想到那里。的确,笔记是为了便于复习而存在的。突然阿学握着拳头唱了起来,而且是闭着眼睛大声歌唱。

"这棵树,什么树,喜欢的树……"

突然这是怎么了。这首歌是在提示什么吗?

总结:笔记分为"用词型输出"和"说明型输出"。

第15天 在课堂上制作"原创问题集"!

用橙色笔书写重点词语

盖上红色透明卡,"原创问题集"制作完成!

"消失"笔记法可以大幅度提升注意力,下课后便能开始第一次的复习!

抓住"当日、次日、周日"的时间点复习

笔记为复习而存在。

这么一想,我立即使用了"消失"笔记法和"考试"笔记法。

社会科笔记使用了"消失"笔记法,最初的时候我不知道该把什么写成橙色,所以只把老师在黑板上用彩色粉笔写的板书标成橙色。

理科笔记使用了"考试"笔记法,把黑板上的标题变成了问题。因为有"火山岩""深成岩"的标题,所以在左侧写上了"什么是火山岩?""什么是深成岩?"来考验我能对那个标题做多少说明。

自己开始下功夫后,我听课时的注意力变得集中起来,因为之后要用这个笔记复习。

昨天阿学问我"什么时间点复习比较好"。复习的最好时间是在何时呢?

回到家,阿学像往常一样盘腿而坐。"大叔感"扑面而来。

当一个像大叔一样的小孩子真正变成大叔时,反而会变成"像孩子一样的大叔"吗?那可太恐怖了。

"嗯?你在说什么?怎么了,小茂?"

"不,没什么……"

• • • • • • •

小茂变得认真了。

今天就来讲一下复习吧。

首先是复习的意义。复习的意义还记得吗?复习是为了把课堂上"明白/会做"的知识保持在"明白/会做"的状态,也就是说复习是为了让我们牢记课堂内容。

那么,在什么时间点复习比较好呢?请回想第9天的内容。为了把"短期记忆"变为"长期记忆"该怎么做呢?你能自己讲解吗?

要点是通过测验的形式反复记忆。复习基本上按照这个方法做即可。

下面就来说一下具体该如何操作。很简单,请一定要记住。

关于考试形式,课上制作的"消失"或者"考试"笔记已经算是一种考试了。一开始先灵活利用这两种笔记法吧。如果没有笔记,又想增加练习的时候,可以使用市面上卖的习题集。

重点是何时重复,又该如何复习。复习的最佳时间点是有课的"当日",上课的"次日",以及周日。

抓住"当日、次日、周日"的时间点复习 | **第16天**

也许有人觉得"复习3次太多了吧",请放心,第一次和第二次复习只需要3分钟就可以了。

复习可以分为"目视解答复习"和"动手解答复习"。

前者不用动手,只需"回想",试着再现课堂。这和一边看"考试"笔记法的左侧一边解说一样。以数学为例,看着问题只说明解法,无须动手(当然,有时间的人或者干劲满满的人请动手解答)。看问题时,不使用数字,只用语言说明这道问题该如何解答。第一次和第二次可以目视解答复习。这样去复习,3分钟足矣。

而"动手解答复习"是认真动手书写解答过程的复习。虽然第一次和第二次只需"目视解答复习",但只靠这两次还远远不够。第三次选择周日或时间充裕时进行动手解答复习,谋求技能提升。可以使用学校发的习题集,实行题海战术。输出的重要性之前也反复强调过。

复习的时间点是"当日、次日、周日",搭配"这棵树,什么树"的歌曲旋律,朗朗上口。

"当日、次日、周日……"

啊,抱歉抱歉,就连我都受到阿学的影响了。

●●●●●●●

"原来如此,要分三次复习啊。"

不经意地瞄向日历,离

期末考试只有两周了。我要按照阿学所说的一步步完美地实践。虽然不能去足球队，但对于现在的我来说，已经有了阿学这个"名教练"。唯有付出实际行动。

"当日、次日、周日……"

我斜视着边扭着屁股边唱歌的阿学，咬着下嘴唇下定了决心。

> **总结** 复习是"目视解答"两次，"动手解答"一次。

第16天 复习三次！"当日""次日""周日"！

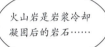 和  用"目视解答复习"。

火山岩是岩浆冷却凝固后的岩石……

周日 用"动手解答复习"。

在刚学过和快要忘记的时候反复复习，这就是记忆的秘诀！

计算"可用时间"

"小茂,离期末考试还有两周……"

咕嘟,我使劲地咽了一下口水,已经到这时候了吗?看着阿学的眼睛,他格外认真。但是以前的我数过离考试还有多少天吗?而且还是在两周之前。

"喂,为什么你不是认为'还有'两周呢?"

我听了阿学的话,吓了一跳。

"那个,让我说的话,是'只有'两周。"

"阿学,我想起来上次期中考试就是临阵磨枪。"

"你先算一下剩下的两周,有多少时间可以用来学习。写出应做事项,自己制作计划表。"

"知、知道了……"

"小茂,胜负从现在开始。从今天开始认真地执行备考计划,接下来我要说的是可以应对今后所有考试的窍门,即便你变成了大人也能用。"

"即便变成大人……什么,变成大人还有考试吗?"

阿学叹了口气。

"现在这个时代,各种资格考试层出不穷,可以说一生全是考试。不过习惯以后就会觉得考试很有趣。"

"考试会变得有趣?"

"没错,那就是胜利的喜悦。你踢足球赢了会很高兴吧?"

的确。输了比赛就会感到浑身疲惫,不过赢了比赛会情绪高涨,还会回学校继续练习。

"记住考试攻略,考试就会变得有趣。反过来,如果记不住……"

"记不住?"

"这一生,考试都会追赶你……"

一生都会面临不擅长的考试。光是想象一下,我就不寒而栗。

• • • • • • •

阿学使用了夸张的表达,但他是希望大家能尽快注意到考试的乐趣。就拿刚才的例子来说,考试就相当于比赛。和足球等运动相比,学习方面的考试取胜方法更明确。在之后的两周希望大家可以记住这一点。

那么在制订"备考计划"时,第一步从哪里开始比较好呢?有的人一上来就先解决问题,这很危险。

首先制订计划吧。最先应该做的事情是计算"可用时间"。

计算方法很简单。只需计算"睡眠时间－回家时间－（吃饭＋洗澡等生活时间）"。如果有坐车、午休等"碎片时间"，请加上这些时间。

以初中生的生活为例，"23点睡觉，17点回家，吃饭和洗澡共1小时"，即"23－17－1"，那么一天的"可用时间"就是5小时。

休息日虽然要看有没有其他事情，但可以暂时以同样的方法计算。

有一点需要注意，那就是"不可能完全按照计划进行"。为此必须事先加入"备用时间"。

以定期考试为例，备用时间就是考试前的两天。前一天为了准备次日的考试而保留，再前面的一天则作为备用日保留。

如此一来，必须减去2天。

算出"可用时间"后写出"想做的事"。预想全部科目的考试范围，写出极其想做的事：复习笔记、解答预想问题、修改错误……要点是"写出至今为止几乎没做过的事"。不是学习时间越长得分越高，而是根据学习内容（即做了什么）得分。做的事情一成不变，分数也不会增长。

解答问题集时，也请着眼于"次数"。一般来说，我希望大家可以解答三次，这是有原因的。我想磨炼大家的"正确率"和"速度"这两个方面。只解答一次，虽然大体上能够解答正确，但太花时间。做到第三次就可以流畅快速地解答

计算"可用时间" | 第17天

出来。

写出"想做的事情"后分配时间，英语要几小时、数学要几小时……算出所需时间，然后和刚才的"可用时间"对比，看看是否够用。如果不够，就需要把"想做的事情"缩减为"应做事项"。该如何缩减呢？

●●●●●●●●

"不行。即便一整天一直学习，时间也不够……"

"没错，把'可用时间'和'想做的事情'一对比，你开始着急了吧？巧妙地利用这份焦虑吧。如果没有干劲就要重新制订计划，养成这个习惯。把焦虑转变为干劲。"

把焦虑转变成干劲……看着窗外，雨已经停了，梅雨期就要结束了。季节在转变，我也在变化。好的，行动起来吧！

> 总结　写出"极其想做的事情"。

第17天 写出可用时间和"想做的事情"吧！

考试的前两天要留作"备用日"哦！

检查自己的应做事项

第二天我在学校也很焦虑。但是如果一直焦虑就不能集中注意力听课了,所以我试着回想起阿学教我的方法。

听课的同时思考"老师想要传达的信息",有人做笔记的话自己也记,灵活运用"消失"笔记法和"考试"笔记法……

不同于以前,课堂内容哗啦啦地进入大脑,我惊呆了。上次考试前全是不会的,光是听课都很吃力。原来是这样啊,<u>不会读书是因为不知道正确的学习方法</u>。这个变化回家一定要报告给阿学。

"小茂,你发现了一件好事情。"阿学深深地点头,接着说道,

"跑50米,大家会从同一条起跑线开跑对吧?但是,备考使大家在起点上已经有了10米,甚至20米的差距了。"

我意外地认可。现在离考试还有两周,但课会一直上到考试的前一天。不但要复习旧的知识,还要复习新学的

知识，真是难上加难。

"请提前两周开始备考"，老师虽然这么说过，但那是针对平常就会复习的同学说的吧。

还有 13 天，没多少时间了……

● ● ● ● ● ● ●

"可用时间"不足以做"想做的事"时，就需要思考先后顺序，缩减成"应做事项"。

把必做事项分为三类吧。

A. 此前做过的。

B. 此前没做过，周围的人在做的。

C. 此前没做过，周围的人也没有做过。

像这样分类之后，先后顺序一目了然。先后顺序是"A"→"B"→"C"。当然，如果 A 中有无用事项，就必须省去。此前做过的事情 A 再加上 B 和 C，成绩一定可以提高。

不过 B 和 C 有点儿难以区分，试着"调查"吧，可以询问取得了自己目标成绩的人。考试靠学习内容来决定得分，所以获得了同样成绩的人大体上的学习内容也是相同的。

那么问什么好呢？"哎，你复习英语都看什么啊？"这么问只会得到"就看看课本"等模棱两可的回答。

问题尽量具体。我会这样问：

检查自己的应做事项　第18天

① "复习英语时，你每次都做什么题啊？每道题做多少次呢？"

② "掌握之后你就不看了吗？"

③ "为此花多长时间呢？"

要点是第二个问题。学习是把"不会"变成"会"。如果得到"一般就是看课本"的回答，就要接着问"你是如何掌握课本的哪一部分的呢"。例如，"不看正文便能脱口而出""翻译英语单词"等，需要别人告诉我们具体的步骤（顺便说一下，如果不好意思问朋友，可以问老师）。

像这样问几个人后，就能明确"此前没有做过的事"和"应做事项"。

观察周围的人后就要实践自己认为的"应做事项"。用专业词汇表达，就是"假说验证模型"。预想"这样会顺利吧"，得出结果后回过头看，确认那样是否可行，并思考是否还有其他更好的方法。

我稍微改了一下叫法，称其为"3K"。要想设立假说必须先观察周围。"观察（K）"周围，设立"假说（K）"并实践，最后"验证（K）"（日语里这些词汇首字母都是K）。它也能应用于读书以外的方面，所以希望大家一定要趁早掌握。

最后补充一点，一直向周围人请教就会打扰到对方，所以也请把自己拿手科目的学习方法分享给朋友吧。如果每个科目都不擅长，就把这份压力变为动力努力学习，尽快把它们变成拿手科目吧。

"明天立马问直木。"

"好啊,不过那家伙很腼腆。"

"说起来,阿学,你不认识直木吧?"

"嗯,据我积累了10年的人脉观察,历代叫直木的人都很腼腆……"

我敷衍地搭着腔,脑子里浮现出直木学习时的情景。

"既然我是你的家庭教师,就别管直木怎么做了,我来传授你'超级、super记忆法'。小茂,你明天之前记100个单词,从这里到这里,明天测试。"

听阿学这么一说,我打开了英语课本。什么?1天记100个单词?!

总结 实行3K(观察、假说、验证)。

第18天 询问别人的"学习方法"！

① "复习英语时，你每次都做什么题啊？每题做多少次呢？"

② "掌握之后你就不看了吗？"

③ "为此花多长时间呢？"

记笔记、记笔记

掌握"此前没有做过，但应该做的事情"，成绩会大幅度提升哦！

掌握"回针缝记忆法",背诵如此简单

昨天阿学留下了作业:1天记100个单词。真是强人所难。但是就这么放弃也很不甘心,所以我试着努力。

想起"蛋糕要切开吃",我先把100个单词分为10组,每组10个。如何10个10个地记住呢?总之先试着写吧。

不一会儿就把单词写在了本子上。已经过了30分钟,只记住了15个。时间不够啊……怎么办好呢?一边烦恼一边接着背单词,就这样到了第二天。

"阿学,1天记100个单词太难了!"

阿学看着我"嘻嘻"地笑了。

"你还记得我说的能够达成目标的人和完不成目标的人有什么不同之处吗?碰壁时,能完成的人和完成不了的人各自会怎么做来着?"

我词穷了。啊,是什么来着……这也是阿学说过的。

"能完成的人找的是'方法',完不成的人找的是'借口'!你啊,果然还是老样子!哈哈哈!"

"老样子的人"是阿学。

第19天 掌握"回针缝记忆法",背诵如此简单

"小茂,接下来我要给你的武器也许是人类史上最强大的。"

"什么?人类史上最强大?"

我难以置信。阿学夸下的海口比以往都要大。

"很久以前,印度的非洲某个洞窟的墙壁上曾写着,公元前2000年有一名叫霍拉罗的少年,他是鳗鱼加工厂的一名技工……"

那么久以前不可能有工厂,也不可能有技工,还有"印度的非洲",我已经不知道该吐槽哪里了。我装着很感兴趣的样子听阿学说教,眼睛转移到了课本的英语单词上。我已经没有多少时间了。

● ● ● ● ● ● ● ●

"1天记100个单词",阿学看似是在"强人所难"。但实际上完成这个任务不需要花那么多时间。下面就介绍一下"回针缝记忆法"。

首先把每10个英语单词划分为一组(这一步小茂已经做好了)。100个可以分10组。把它们命名为①~⑩,按照以下步骤进行。

- 用2分钟记住①,用1分钟检验是否记牢。
- 用2分钟记住②,再用1分钟检验。

- 回到①,用 1 分钟检验是否忘记。
- 用 2 分钟记住③,用 1 分钟检验。
- 回到②,用 1 分钟检验。

按照同样的方法一直到最后的⑩,重复"2 分钟记""1 分钟检验"。

- 最后每组各检验 1 分钟。

该方法不仅能用于记英语单词,记笔记同样奏效。

这个记忆法有三个特点。

① 循序渐进。
② 能够一边加入新信息,一边锻炼回忆旧信息。
③ 检验次数多。

记忆是通过不断回想来加深的,所以,比起"记","检验"次数越多越好。

关于最后每组、每页各检验 1 分钟的意义,请回想第 9 天介绍过的使用斯瓦希里语做实验的卡皮克博士的研究,不能只重新解答做错的题,要重新解答所有问题,这样更易于加深记忆。

如果 2 分钟记不了 10 个单词,或者 1 页的笔记内容太多记不住时,不要把 2 分钟增加到 3 分钟、5 分钟,而是减少单词数量,或者把 1 页分为 2 分钟能记得住的量。2 分钟是绝佳的时间,1 分钟太短,3 分钟又往往会浪费 1 分钟。

话题重新回到阿学交代的任务上。100 个单词要花多长时间记忆呢？**实际上，按照这个速度，50分钟就能记住。**像这样不用花太长时间，轻松地循序渐进，单调的背单词也会变得有趣起来。

• • • • • • •

"回针缝啊，好怀念啊。小学的家庭课学过。向前迈进之后又倒退一点的缝针技巧，在毛毡上多次练习过，我好像做成了纸巾盒。"

"嗯嗯，就是那个。我还没做过。"

"对呀！阿学才上四年级呢！"

"喂，你在小看我吗？喂，你敢小看我？你在跟我论资排辈吗？喂！小茂！喂！你这家伙！"

阿学像生气的河豚一样"呼呼"地鼓起脸颊，红扑扑的，就像一个头上缠着领带的醉大叔。阿学将来长大喝醉了会把领带缠在头上吗？

总结 高效记忆，循序渐进。

第 19 天　如何记住 100 个英语单词？

① 每 10 个单词划分为 1 组。

② 用 2 分钟记住①组，用 1 分钟检验。

③ 用 2 分钟记住②组，用 1 分钟检验。

④ 重新回到①组，检验。

→ 去③组 …

⑤ 最后检验全部。

50分钟便能记住100个单词！

重复地"记、检验"→回到"记、检验"，渐渐便能记住！

背诵文章要"分段重复"

学了"回针缝记忆法"之后,在考试之前就能把剩余要背的东西循序渐进地完成。这种循序渐进感就像打游戏一样,很有成就感。

<u>划分时间也有助于提高注意力</u>。以前没用过计时器,以后除了背诵时间,学习时间也开始计时吧。

"小茂,用计时器计时还有其他好处哦。"

"其他好处?"

"嗯。你有过这样的经历吧,考着考着发现时间不够了!那就是因为你没有合理分配时间。要问为什么没能合理分配时间,是因为你没有能力去预想一道题要花多长时间完成。"

"你说的没错。用计时器一边计时一边学习,就能预想到'这道题往常花5分钟,快的话3分钟'。"

"是的。考试是总分竞争,安排'先答这个''那个放后面'的同时计算时间,可以使总分达到最高。"

"原来如此……阿学,考试的奥妙很深啊。"

"这种知识别人一般不会教你,但你不知道就是你的损失。"

阿学一边说着话,一边插着胳膊"嗯嗯"地点头。

"哎,阿学,你再多告诉我点儿。"

"我会告诉你。但是有个条件。小茂,你答应我,<u>一定要从今天就开始用</u>。"

· · · · · · · ·

小茂开始快乐地钻研学习方法了。离期末考试没有多长时间了,当你焦急地认为"学习时间不够了"的时候,除了"加长学习时间",还可以"改变学习方法"。

顺便一提的是,阿学最后说的"必须从今天就开始用",实际上是非常好的建议。

有的人买了书堆在桌子上不会去看,即所谓的"藏书不读"。其实这些人一旦想着"看一页就行,买的那天就开始看",就会看下去了。

和最初阿学说过的古希腊谚语"好的开始是成功的一半"一样,重要的是试着开始。

正在看这本书的读者也是,在知道"原来有这样的学习方法"的时候就试着开始应用吧。

言归正传。昨天教了小茂记忆"英语单词"的方法,下面想说一下英语句子、《百人一首》(日本的和歌集)之类的长句

背诵文章要"分段重复"

记忆法。

记忆长句时，按照以下顺序背诵便能快速牢记。

① 分成小段。

② 部分重复。

③ 慢慢地连接成长句。

下面以背诵英语句子为例进行说明。

I walk to school with my brother every day.（我每天和哥哥步行上学。）

记忆这个句子时，首先按照句意分成小词组。

① I walk to school

② with my brother

③ every day

然后分段重复记忆。重复背①"I walk to school""I walk to school""I walk to school"……接下来重复背②"with my brother""with my brother""with my brother"……就是这样。

等一段段能流畅地说出来后，再把它们连起来一点点变长。记住①+②："I walk to school with my brother"后，再连接成①+②+③："I walk to school with my brother every day"。

像这样一点点地加长记忆，不知不觉便能全部脱口而出，就像"蛋糕要切开吃"一样。苦于长篇背诵的人，请一定要试试这个方法。

"阿学,最初的时候我想听的就是这个法子啊……为什么你不从一开始就告诉我呢?英语课文我一直背不下来,很烦恼啊。"

"那可不行。不可以一上来就要答案。必须自己努力过、失败过才能体会得更深。如果一味地按照别人说的做,那你只是一台单纯的学习机器。"

学习机器……现在我是按照阿学教给我的来做,总有一天我要自己找到方法。不过,先渡过眼下期末考试这道难关吧。

> 总结　浩瀚的大海也是由一滴滴水融汇而成的。

第20天 记忆长句时,注意"分开、连接"

① 首先断句。

I walk to school	with my brother	every day.
①	②	③

② 一个个记住。

③ 一点点连接。

请在记忆英语长句、《百人一首》等长篇段落时尝试使用!

没有干劲时，"欺骗"自己

今天是周日。从早晨开始就提不起干劲。

老妈让我出去买东西，提着卫生纸走路时碰见了阿学，他一看见我就露出一副明白了什么的表情，嘟囔着："哦，原来是这样，原来是这样……的确……"然后走开了。今天不再来了吗？

"叮咚！""叮咚！"

从外面传来奇怪的声音，好像手机在响。啊，那不是物体发出的声音，而是阿学发出的声音。一点儿都没变啊……我打开了门。

阿学手里拿着一个奇怪的东西，很长很长的竿儿。

"不要光在一边看，快来帮忙！这个比我还要重！"

不可能吧，看着浑身是汗的阿学，我笑了。他的眼镜只挂在一只耳朵上，摇摇晃晃的。

"这个……你拿这个干吗？"

"是跳高的横竿，从体育仓库偷来的。"

"什么？！"

"大学的。"

"大学的?!"

是哪所大学的呀?周日都没有门卫吗?不过话说你不可以拿过来啊,会引起骚乱吧?我正胡思乱想着,阿学把横竿的一头放在鞋柜上,自己拿着另一头并微笑着说道:

"喂,你来跳过啊。"

什么?在我家的玄关跳高吗?

"不行""跳""不行""跳""不行""跳"……

这个对话重复一阵后,阿学叹气道:"我都说了这么多次'跳',你跳一下又能怎样?"

· · · · · ·

这段对话先告一段落,接下来开始回顾本周的学习进程吧。你可以像此前一样写出预想的问题,不过这次我想有所不同,即写出每天的关键词。

这次复习的是第15~20天这6天的内容,请浏览这6天的内容,找出印象深刻的关键词。

"找出关键词"对学习有一定帮助,所以一定要做。如果直接先看答案,可就没有任何意义了!

好的,下面写下我的答案。

第 15 天:"消失"笔记法,"考试"笔记法

第 16 天:当日、次日、周日,目视解答复习、动手解答复习

第 17 天:"只有"两周,可用时间,想做的

第 18 天:应做事项,先后顺序的 ABC,3K(观察、假说、验证)

第 19 天:回针缝记忆法,蛋糕要切开吃

第 20 天:部分重复,分开连接,好的开始就成功一半了

怎么样? 恐怕有的人和我的答案全部不同吧。 不过,即便和我的不同也没关系,关键在于你要思考"对什么印象深刻"。

我把这个复习方法称为"关键词归纳法"。 实际上这个方法也能应用在学习以外的方面。

例如看书。 一本书看完后,请试着从书里提取出 3 个关键词。 仅仅通过"提取关键词"这一做法,就能让我们从被动看书转变为主动理解书。

这个方法对工作也很有益。 我每年有 30~50 场演讲,每场演讲的要点必须总结在 3 个词以内。 4 个词以上,人们就很难记住。 奥运会奖牌也是金、银、铜 3 种,动画片《海螺小姐》也是一次演 3 集。"3"对大脑来说是一个绝妙数字。

回到刚才跳高的话题。 催促小茂"跳"的阿学,究竟想表达什么意思呢? (实际上在玄关跳高很危险)

实际上阿学想告诉小茂,"横杆太高跳不过去时,就钻过去"。 他不可能直接说出来的(笑)。 也就是说,如果难度系

数太大，就降低在可控范围内。

临考之前可以说一定会有一瞬间"突然"失去干劲。在那种情况下如果焦急地想着"必须努力"，反而会被压力打垮。

第12天曾说过"降低行动难度"，如果出现"虽然有干劲，但做不到"的情况时，就需要其他方法——降低"与学习相关但属于学习以外的行为"的难度。

例如"用1分钟拿自动铅笔"。也许你觉得"要做那么无聊的事吗"，别着急，试着做一下你就会有惊奇的发现——通过那1分钟会变得想学习。

无论是习惯学习的人，还是不习惯学习的人，有时持续学习都会出现排斥反应。这是因为内心厌烦于单调的生活。但是，内心对"学习"展现出排斥反应的同时，还认为"必须学习"。也就是说，人类对学习可以同时拥有"消极"和"积极"两种情绪。

通过把目标从"备考复习"转移到"拿自动铅笔"上，不仅可以欺骗"消极"情绪，而且在实际拿自动铅笔的过程中，"积极"情绪会放大，不知不觉就变得想学习了。

还可以试试"在图书馆打开课本""打开新的问题集的第一页，折出折痕"等方法。方法因人而异，所以请一定试着找出适合自己的"目标转移方法"。

· · · · · · ·

"就是说焦虑也没关系。"

"嗯嗯。不过小茂啊，你没必要焦虑。因为，考前的学习效率会提升3倍。也就是说,现在就跟一个月前一样。"

"是呢!我没这么想过。不过阿学,这不是跳高竿,是你的晾衣竿吧?"

阿学绷着脸,不高兴,眼镜果然还是掉了下来。

> 总结　正确面对内心的"消极"和"积极"情绪。

将读书的乐趣放大10倍的方法②

◇ **第3步：阅读计划被改编成影视剧的长篇小说**

可以流畅阅读短篇小说的你一定因为"看完了"的成就感而兴奋吧。这次我想给那些可以看下去感兴趣的书，但不知道该选择哪些书来看的人介绍另一种享受阅读的方法，那就是看计划被改编成影视剧的长篇小说。此处的"计划"要划重点。

一旦决定影视化，书的腰封上就会写"决定改编成电影！主演：××"之类的宣传语。这些书都会陈列在书店店头，可以从中选取感兴趣的来看。

选择它们的理由有两个。一是因为"话题流行"。制作电视剧、电影需要花费大量的人力物力。因为不允许失败，所以许多人都会投注很多时间和精力去制作。如果话题不足以让大家付出那么多心血，制作方压根就不会选择它。简单地说就是"不流行"就不会被选中。二是因为"容易想象出画面"。书是文字，但为了改编成影视，就必须把它变成影像画面。人们往往认为影像是完全不同于文字的事物，但实际上它们密切相关。因为我们会在头脑中发挥想象，把文字（书的故事梗概）影像化。

被改编成影视剧的书不仅流行也易于想象。也就是说，这类书大多可读性强。看这些书可以放大阅读的快感。影视剧放映后会再看一看，如此一来，也能知道制作方和自己的想象有哪些不同之处，再看别的书时，也易于想象出影像画面。当然，有时会对影视剧版的改编感到失望，这种情况自然可以选择不看。只是想让大家知道看书还有这样一种乐趣，这对大家来说也不是什么损失。

请大家一定从多角度去享受阅读！

许多很喜欢书的人会替不爱看书的人感到惋惜，"竟然享受不到这样的乐趣"。我也有同样的感触，同时也会"羡慕"他们。

因为有看书这个新乐趣在等待着他们，"看书，原来这么有意思啊"，自此打开冒险之门。只是想象一下我就兴奋得不得了。

看书可以说是对知识的至高享受，一起来开启读书之旅吧。希望本书能成为大家开始看书的契机。

任务 4
在月考、期中、期末考试中考高分

你想改变自己吗？绝对能改变的

打造随时随地便能记忆的"学习主题乐园"

"还要——再睡几觉——才到期末考试哟……"

回到房间,阿学正兴高采烈地唱着歌,还要再睡几觉啊。

"我回来了。还有几天考试啊?"

虽然我知道离期末考试只有10天了,但我故作不知。上一次做倒计时是什么时候的事来着?圣诞老人从小学三年级就不再来了,压岁钱也是。大人们老拿"次贷危机""不景气"之类的借口敷衍我。我算是切身地感受到了期末考试对自己来说是多么重要的存在。

"状态怎么样?"

"嗯,社会学科的知识点总也记不住,特别是这里。"

我拿出社会课本,翻到"日本的河流"那一页。

"小茂,伸出手。"

"手?哪只手?"

阿学没吭声,一下子拉住我的左手腕。

"疼疼疼……"

"闭嘴,你个初中生。"

阿学粗暴地握住我的手,从口袋里拿出马克笔,在我的手背上开始写上河流的名字,"信浓川""利根川"。

"喂!你在做什么!阿学!会被老师骂的!"

"没关系,能洗掉的。这是油(アブラ)性笔。"

能洗掉啊……我就静静地看着阿学写。

马克笔的标签映入眼帘。油(ゆ)性……阿学啊!那个是油性笔!洗不掉!(注:日本的"油"字有音读(ゆ)和训读(アブラ)两种读音,音读是常用读音,而阿学读的是训读,小茂听到训读没有反应过来,看清标签之后才发现是油性笔。)

• • • • • • • •

把油性的"油"字读成训读,是小学生惯有的思维,很可爱嘛。虽然对不住小茂,但写在手上却是非常有效的学习方法。因为"增加了看见的次数"。

想要记住什么东西时,与其花很长时间一鼓作气地记住,倒不如大量增加记忆次数,哪怕每次用的时间很短也没关系,这样反而更容易记住。考试前的几天,我希望大家把大量时间用于那些需要深思熟虑的问题,所以背诵就用平时的"碎片时间"吧。

记不住的时候，不要"努力记"，而是"增加记忆的次数"。 除了"写在手上"，还有各种小创意。

例如便利贴。

把难记的东西写在大大的便利贴上贴在桌子前，一抬头就能看见。 也可以在便利贴的正面写问题，背面写答案。

除了桌子，还有很多地方可以贴。 最想让大家尝试的地方是门。 家里面有许多门，就贴在那些门上。

一扇门上可以贴多张便利贴，设定一个规则，如"**粗略地过一遍后再打开门**"。

门的两面都贴上，离开、进入房间时不经意间就能看见。 虽然有点不上台面，但贴在厕所门上效果最佳。 想上厕所时大多都比较"紧急"，所以会全方位地活跃大脑去记住。

把便利贴贴在门上，记住后再打开。 我把这种门叫作"**背诵门**"。

不仅是厕所，浴室也能变成学习的场所。 浴室也有利于学习，当你有"想记住"的东西时，就把它拿进浴室吧。 也许有人会担心"弄湿了就变得黏糊糊的"，别着急，可以把它放入硬质透明文件袋里。 利用湿气"啪"地粘在浴室的瓷砖上，是不是很方便呢？

临考之前制作"背诵门"或者在浴室学习，把家打造成学习主题乐园吧。

也推荐写在手上。 但我曾经也有过写在手上的困窘经历。

有一次乘坐电车，我握着吊环站着的时候，感觉别人一直在看我。我想他看什么呢，后来发现他在看我的手。我忘记洗掉上面的字了。本想着换手，但这感觉就像别人跟你说"裤子拉链没拉"，你赶紧拉住一样，也很难为情，所以直到最后下车我也没换手。

所以当你写在手上的时候，乘电车时一定要多加注意。

● ● ● ● ● ● ●

在洗手池用力搓洗双手，但一直没洗干净。如果到第二天都洗不掉，班里同学会笑话我的。

"小茂，现在开始才是胜负的关键。总之，在明天的小考中考个满分吧。"

满分……明天考计算，加油吧！

> **总结** 制作"背诵门"。

第22天 打造出"随时随地便能背诵的家"!

切忌"粗心大意"

今天有计算测验。昨天晚上我重新复习了考试范围内的问题，还算得心应手。

结果考了9分，满分10分。有一道题计算错误了，这道题答对就能考满分了。有点小可惜，不过这也没办法，一点小失误可以原谅。下次一定要细心。

回到家就看见阿学站在那，一副等待着我小考结果的样子。哈哈哈，我已经不是以前的我了。

"一道题算错了，考了9分！这一道就是单纯的计算错误，几乎相当于满分！"

"哎呀！"还没说完阿学的拳头就落到了我的头上。

"单纯的计算错误？你说的'单纯'是什么意思？"

"这样的问题我下次就不会错了。看，昨天我做出来了。"

"笨蛋！！！如果那样想，小考永远都不会考满分。"

真是的。我努力忍着不还嘴。10分制考9分，比起以前的我，这成绩多优秀啊。谁都会出错的呀，打我太过分了吧。

"例如",阿学抬起胳膊正了正歪掉的眼镜,开始说。

"假设有一名选手在棒球比赛的最后一局含恨落败,失败的原因是没抓到每天练习无数次的正面接地滚球,'本应能接到'的地滚球。比赛后那名选手如果说'不,那个球平时都能抓到的,这次只是小失误',你会怎么想?"

的确不会有那样的队员,阿学对着一脸信服的我接着说道:

"最近的年轻人什么都会归咎于'粗心大意'。"

阿学像批评孙子的爷爷一样,不高兴地唠唠叨叨一阵,然后开始上课。

· · · · · · ·

想必大家都有过因为一点小失误而失分的经历吧。谁都会粗心大意,但是稍加留心便能减少。关键是意识到"能"与"不能"之间的差距。

考满分需要经历4个阶段。①无从下手→②自己做的时候需要看解析→③自己能够解决,但偶尔会犯错→④能够毫无错误地流畅解答。马虎大意就处于从"③自己能够解决,但偶尔会犯错"提高到"④能够毫无错误地流畅解答"的途中。我们要重点关注这里。

在平时的学习中请注意以下两点。

① 知道自己的犯错倾向。

② 想出检查方法。

"怎么又犯同样的错误了"，在解答问题集时有过自责的时候吧。例如，答案是"-16"，你却写成了"16"。"很多都是符号错了"，认识到自己容易掉落的"陷阱"就能有效改正。当考试中出现同样的问题时，便能更加细心。

检查时也是，重点检查这类"陷阱"，进一步减少错误。

即使这样小心，在考试中还是会犯同样错误的人，就请在考试开始后，在试题纸（非答题纸）写上"检查列表"，按照它来检查。

例如英语，"不要忘记'.'""首字母大写"等。写列表虽然浪费了点时间，但最多花 30 秒，用这点时间能减少错误便是值得的。而且如果一拿到卷子就开始答题，心情会浮躁，慢慢地写下注意点，心绪也会平静下来。

"检查时间"占用考试时间的十分之一即可。如果考试时间是 50 分钟，则用 45 分钟来解答，5 分钟检查。

不要用"眼睛"去检查，而是用"手指"。就像车站工作人员在站台检票时会用手指点，人使用手指可以集中注意力。

重要的是平时就要养成检查的习惯，平时做不到，在正式场合里只会更做不到。在家解答问题集时就学会检查吧。

∙∙∙∙∙∙

听了阿学的话，我想起了小学足球队的告别赛。快要结束时，我踢偏了。之前一直觉得"平时总是能踢进去的，只是这次运气不好"，现在想想这个借口真可耻。自认为"正式场合应该能做到"没有任何意义。

"粗心大意就像感冒一样，一旦你不当回事就只会越来越严重……"

阿学边说边打了个特别大的喷嚏。

这家伙，真的"说什么来什么"。阿学狠狠地瞪了我一眼，用手揉了揉鼻子。

> 总结　在试题纸上写出"检查列表"。

第23天　绝对不要失去"应得的分数"!

① 在试题纸上列出可能出现的"陷阱"。

② 确保最后的 5 分钟为检查时间。

如果"本应能做到"的问题因为一点小失误而做错,就没有任何意义!

揣摩出题者的意图

今天下雨，回家路上踩到了水坑，这让我觉得很郁闷。雨要下到什么时候啊……回到房间，阿学喊了声"哟"，我没搭理他。我毫不掩饰地展现出自己的不开心。

"啊，我为什么必须学习呢？就算在考试中考出好成绩，到了社会上也不起作用啊。学习不就没意义了吗？"

阿学看着我脱下湿答答的袜子，啃了口苹果。

"又觉得自己是悲剧英雄了吗？"

阿学小声嘟哝了句，费劲地站起来。

"小茂，今天来教你认识人生。"

"人生？"

阿学是在开玩笑吗？还是真的为我好呢？分辨不清的我有点迷惑。

"喂，有着改变世界的想法的人，和制造他人需要的东西的人相比，哪一个更伟大？"

"嗯，我不知道，前者更伟大吧。"

阿学用力地盯着我。

揣摩出题者的意图 | 第24天

"嗯，没错。只有那些疯狂到以为自己能够改变世界的人，才能真正改变世界。"

"好有道理啊。阿学，这简直就是至理名言。想法很棒。"

"不过，真的是那样吗？从0到1的创意如果实现不了就没有意义。例如，改变了世界的iPhone、iPad，制造出产品后经过反复改善，才一步步站到现在的位置。也就是说……"

"也就是说？"

"认真地对待考试。"

"考试？为什么？"

"试题是出题者传达出来的信息，可以锻炼我们想象对方需求并做出解答的能力。所以在考试中应该做的是揣摩出题者的意图。"

• • • • • • • •

大家使用过苹果的产品吗？我很喜欢用。苹果是美国的一家企业，它改变了世界。比如手机iPhone面世后，"这才是我最需要的手机"立马俘获了很多人的心。

即便是创造新事物，也必须想象对方的需求反复改进。把创意变为实体并传达给对方，需要更多的努力和时间。

揣摩对方想法的训练有哪些呢？ 学校的考试就属于这一类。

考试是老师在向我们传达信息，里面包含着"这些知识都要记住""这里很重要，要学会解答"的"心意"。 所以揣摩老师的"心意"并采取对策实际上就能训练我们。

所以阿学想说的是要把考试当作人生。 很多人觉得考试、学习没有用，有些知识的确不会直接发挥作用，但是，揣摩出题者的"想法"，预想出题趋势并采取相应对策，这个过程会让我们受用终生。

为了美好的将来，请为复习备考熊熊燃烧起来吧。 学习不是一种不好的行为，请认真地投入其中，提高"想象力"。

从哪里开始好呢？ 最先着手的应该是分析过去的问题。 虽然这有点花时间，但需要做的事情很简单。 以小茂为例，他需要一道道地确认期中考试全部科目的试题是从哪里出的。 例如，社会考试的出题来源比例如下：

课本 20%

板书 10%

口述 10%

问题集 60%

从上述分析可以得知，比起课本、板书，小茂应该在问题集上多花力气。 如果板书出题占比大，也有助于我们集中注意力听课。

"不要把它当作考试,要当作人生……"

我从来没这么想过。

"小茂,总之,在商场上能否获得成功,关键在于你能想到多少对方的需求。刚才的名言出自苹果公司联合创始人史蒂夫·乔布斯。"

阿学大口大口地吃完苹果,把苹果核扔进垃圾箱。

"总之,我是不输于乔布斯的男子。我的名字是阿学夫·乔布斯。永远追随我吧!"

还说不会输,完全在模仿人家嘛!

总结 不要把它当作考试,要当作人生!

第24天　考试是老师在传达信息

分析上次的测验吧!

会从哪里出题呢?

课本20%
板书10%
口述10%
问题集60%

原来如此!
重点复习问题集!

考试包含着出题者"希望学生这些题目都要会做"的想法。

制订计划要留有余地

今天我陷入了自我厌弃中。几天前制订的计划表贴在桌子前，但一直无法顺利进行。

"小茂，你怎么了，一副没精打采的样子。"

只有这名小学生一如既往地有活力。

"阿学，之前制订的计划无法顺利进行。我果然是个草包。"

阿学听后突然开始哈哈大笑，甚至从椅子上滚了下来，捧着肚子像潮虫一样团成团儿抖动着。

"出现了！觉得自己是悲剧英雄的口吻！出现了，出现了！觉得自己是悲剧英雄的口吻！！一点都没变！你真的一点儿没变！"

"什么？！"

"所以你是草包啊！你啊，太相信自己的能力了。人啊，没有那么强大。喂，小茂，你说10遍'我是草包'！哈哈哈！"

什么?！真是的！总有一天我会争口气给你看！

● ● ● ● ● ● ●

阿学说的话还是很过分啊……嘴虽然坏，但说对了一点，"人没有那么强大"。这是100%正确的。像第12天小茂说过的，下决心制订计划时，往往出来的都是高强度、不合理的计划。

在外面吃饭时，有过菜点多了的经历吧？觉得自己"还能吃"就加菜，结果菜上来时肚子已经饱了。实际上，人的饱腹感会延迟5分钟。也就是说，现在的食欲是5分钟前的，现在入口的东西在5分钟后表现为饱腹感。

这个错位很令人棘手，但事先知道这一点后便不会再犯同样的错误。制订计划也一样。制订计划时因为情绪激昂，状态和平时有一定的偏差。所以在制订计划时，必须考虑到计划可能会被打乱。

制订计划时请注意以下几点。

① 把最初制订的计划减少到一半。

绝对不可以从一开始就制订高强度的计划。先给自己安排相对较少的计划任务，"哈，已经完成了"，这样每天都很有成就感。像第18天说过的，把事情分为"应做事项"等3种（ABC），专注于A和B，觉得"还能再做"时再接着投入到C中，这样可以使我们保持积极的状态。

制订计划要留有余地 第25天

② **留出"修改计划"的时间。**

计划往往赶不上变化。即便计划减少到一半,也很容易被打乱,更别说那些满满当当的计划了。"未雨绸缪",事先决定好修改计划的日子。一周的时间太长,建议周三回家后和周日早上用来修改计划。一般计划会从周三开始错位,如果在周日早上重新制订,下午便能开始有效利用。

③ **加入为昨天"还债"的时间。**

事先留出一些时间用来解决每天的错位,这样更令人放心。建议将回家后到晚饭之前的时间作为"还债时间"。

④ **请他人帮忙看看计划是否合理。**

多数人都不会请他人评判自己的计划,而自己制订的计划往往太满,到最后反而起不到任何作用。建议大家请老师、前辈、朋友等人看一下计划,让他们给予客观的建议。

⑤ **不要连续浪费 2 天。**

所有人都会有犯懒的一天。不过,如果连续 2 天偷懒,就会一直偷懒下去。犯懒一天没关系,但坚决不可以"连续浪费 2 天"。

介绍了以上 5 点,也许有人觉得"真的必须做到这些吗"?实际上这些在我还是学生的时候全部亲自实践过。

没必要觉得自己是个"草包"。高估自己的能力制订出不合理的计划,最后一定会出现"计划垮了"的情况,届时就会苦于现实中的自己与理想中的自己之间的差距。如果对自己过于期待,最终受苦的还是自己,制订计划要量力而行。

"的确，当计划不能按照预想的实行时，就会觉得自己是草包，原来是计划的制订方法错了。"

"Yes！小茂，你想的是对的。天生我材必有用，这么说你就轻松些了吧？"

轻松吗？或许吧。必须根据自己的性格、水平改变学习方法。我一点点明白了之前计划没能顺利进行的原因所在。

> **总结** 人类没有那么强大。在制订计划时，要考虑计划可能会被打乱。

第25天 制订计划要"留有余地"!

原本到今天要做完10页的……但只做了8页!

① 留出"修改计划的日子"。

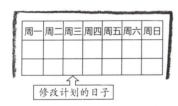

修改计划的日子

明天重新推敲日程!

② 留出"还债时间"。

不看电视,借此补救!

不要制订不合理的计划逼迫自己!

和出题者反复"对话"

"今天阿学要教我什么呢?"

放学回家的路上,我的步子有点急迫。发现自己走得很快后,我突然想到,学习原来这么令人快乐吗?和别人一起讨论学习原来这么有趣吗?

说起来,能够坚持社团活动也是因为有伙伴和教练在。只靠自主练习便能坚持下去的人几乎没有。人啊,一个人什么都做不了。这么一想,足球队的魔鬼教练突然也变得"和蔼可亲"了。

"小茂,问题集做完一遍了吗?"

"嗯。现在是第二遍,正在重新解答错题。"

"保持这个速度。到考试前7天做完第一遍、考试前3天做完第二遍、考试前2天做完第三遍。"

"我到后天之前做完第二遍就行啦,对吧?说起来,阿学,从今天开始每天写句加油语吧。"

"加油语?"

"嗯,有点像名言之类的。离考试还有5天,看着那些语句，努力加油到最后吧。"

阿学打算嘲笑我，我用眼神制止了他。

"好……不过很贵的哦。"

"多少钱？"

"1张30日元。"

好便宜……

"名言，名言"，阿学一边嘟哝着，一边用大大的字开始写。

"跑得快的人受欢迎。"

不不，不是要你写那个，那和"有这么一个小学生"有什么区别？（注："有这么一个小学生"是日本的一个说法，类似于很多人共有的一种经验或习惯、想法。）

• • • • • • •

临考之前，学习内容要稍微变化一下。必须重点关注在平时的学习中没有注意到的地方。

那就是"策略"和"专注力"（参照第30天）。今天先讲"策略"。

原本人们是为了什么而采取策略的呢？答案是为了不浪费能量。无论怎样耗费能量，如果不和成果挂钩就没有任何意义。

考试策略有两个重点。即思考如何在"考试当天"拿到"最高分"。

下面进行说明。首先，如果考试当天能力没有发挥出来就没有任何意义，但多数人没有意识到这一点。和钢琴演奏比赛一样，大家看的是"在决定性时刻能发挥出多少能力"。当知道"这段时间有考试"时，便可以采取相应的对策。

那么，如何在考试当天发挥出巅峰实力呢？建议按下面的顺序来。

考试前 7 天：基础题全部做完一遍，毫无遗漏 + 修改错误

不可以从一开始就向难题下手。先过一遍范围，不留薄弱点，确保会做任何基础题。

考试前 3 天：第二遍复习 + 挑战问答题

把基础题过一遍后就挑战问答题。也是先过一遍，尽量在当天修改错误，将束手无策的问题做上标记。

考试前 2 天：取舍选择和修改错误

到这一步时就要学会取舍选择。考试是靠总分竞争的，如果时间不够，就要有勇气"舍弃"不会做的题。有舍弃的题相对地就要有"必须拿到分"的题。在"前一天和当天"重审那些题，用绿色等平时不常用的颜色把那些问题的题号画上圈。

考试当天：早点去学校，修改错误和最终检查

一直到当天考试之前的最后 1 秒，成绩都有提高的可能。努力到最后一秒，以我的经验来说，依靠当天的努力可以提高 5～10 分。

最后想告诉大家的是**反复阅读"考试范围"**。请一边回忆出题者（学校的老师）的脸，一边回想"老师强调过哪里""说过要做什么"。考试是老师在传达信息，反复和出题者"对话"就是最好的应考对策。

对于范围不明确的考试，请**立足于老题，推测"新题倾向"**。出题者不想"为难"考生，应该会明确地提示出信息。拼命想象、大胆猜测，一定能取得高分。

● ● ● ● ● ● ●

从没有妄想过在考试当天超常发挥。但是，我知道什么时候有考试。从这点来看，考试是公平的。看着阿学回去时写下的名言，心里沉思着。

考试躲不掉，逃避的是自己！

> **总结** 临考之前要采取策略。

第26天　如何在考试当天发挥出巅峰实力

考试前7天： 练习基础题，消除不擅长的知识点。

考试前3天： 挑战问答题。

考试前2天： 舍弃"不会的题"，再次复习"必定能拿分的题"。

考试当天： 反复阅读考试范围。

必得分的题绝不可以失分！

做出来的题确保得分，有策略地前进吧！

依靠学习缓解学习压力

终于离考试只有4天了。今天是周六,只有上午有课,下课后去了图书馆。夏天的图书馆冷气很足,让人心情很好。但是一出图书馆,太阳在头上高高地挂着,太晒了,我烦躁地想:"我是做了什么坏事吗!"

"阿学,有没有什么解压法?"

"解压法?"

"嗯,复习好累啊。想去唱卡拉OK!"

"哈哈哈!卡拉OK?你说的是那个卡拉OK吗?你太有搞笑感了!"

阿学像往常一样从椅子上滚落下来,哈哈大笑。

"学习压力,卡拉OK!学习压力,卡拉OK!"

他都笑出了眼泪。搞笑感?是说搞笑天分吧。为什么阿学会笑成那样,我完全不懂。

"你想一下嘛。假设小茂你的头发长长了,大热的夏天,头发长得很长、很长,都贴到地面了。怎么样?有没有压力?"

"贴到地面那么长?!压力太大了!"

如果头发那么长,做体育运动时会流多少汗啊,多麻烦啊,光是想象一下我就很烦躁。

"那你会因为这个压力去卡拉OK吗?会去大声喊叫、发泄吗?"

"不,我会剪头发。"

"就是嘛。学习吧。"

我无言反驳。

• • • • • • • •

经常有人通过"远离"考试来缓解考前的压力。比如收拾房间、玩游戏、看漫画……

但是这只会适得其反。因为考前压力来自于"对考试的不安"。

不安就像小狗一样,你越逃它越追。但如果你摸摸它的头,你就能掌握主导权。考试之前为了逃避紧张不安,利用学习以外的事物缓解压力,只会把问题(焦虑)的解决(缓解)延后。学习的压力只能依靠学习缓解。

容易焦虑的人可以适当地活动身体。

具体是什么意思呢?

人的大脑里有"伏隔核",该部位通过活动身体会得到刺激,从而让我们自然地处于兴奋状态,干劲满满。

这对考试也很有效。 **临考之前请尝试做可以活动身体的学习。** 例如胡乱地书写单词、词组,出声地读、做计算等。 这样不仅可以保持头脑清晰,还可以变成"火力全开模式"(我曾在东大入学考试考数学之前,自己编写并解答"2位数×2位数"的计算题。 考试开始后思路也因此保持清晰)。

休息时间也可以运用该原理。 可以去校园里散步,或者伸伸懒腰。 不仅有利于转换心情,还能让注意力集中,维持适当的紧张感。

我现在也会把它应用到工作中。 例如,在下午昏昏欲睡的时候,哒哒哒地回信息,或者把自己当作机器人一样完成工作事务。 这样可以自然地保持头脑清醒,提起干劲。

有点离题了,刚才写到"胡乱地书写单词和词组",想对这一点进行补充。 多数人都会丢弃这张"乱写的纸",但这张纸实际上是个"宝"。 因为你写在上面的一般是自己"想要记住"的单词、词组。 如果写了许多遍,很明显它们对你来说就是"难记"的单词。

推荐大家把那张纸折起来放入口袋,在坐车等碎片时间里拿出来看。 即使忘记了也没关系,洗澡时可以把它从口袋里掏出来,泡澡时背诵。 像这样背诵,记住后就可以丢弃,如果夹入文件袋里保管可就没完没了了……

说完话的阿学在纸上笔走龙蛇。今天的名言是？

"不做就无法完成。"

不知道这句话有没有什么深意，也许很深奥！看着一脸好心情的阿学，我坚定地认为："嗯，深奥！"

总结　决定做的事就绝对要做！

依靠学习缓解学习压力 | 第27天

第 27 天　活动身体用尽全力加油吧！

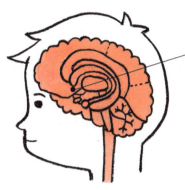

伏隔核

活动身体给予刺激，涌出干劲！

- 出声读。
- 随意写单词。
- 只做计算题。

➡ 活动身体，不知不觉就会涌出干劲！

没有干劲时，把自己当成机器一样努力去完成任务！

试着改变学习环境

周日 第28天

今天是周日。离考试还有 3 天。基础题已经做过一遍了,接下来要挑战问答题。一个月之前的我对问答题还完全无从下手,虽然现在还不能像解答基础题一样得心应手,但努力想一想便能答出来。这已经是很大的进步了。

呼——看了下表,12 点。已经学了 2 个小时。

"小茂,吃饭了!"

妈妈的声音从隔壁房间传来。从味道可以闻出午饭是咖喱。

"来了!"

"咔嚓",拉开门,我呆住了,阿学已经坐在那里。

"为什么?"

"小茂,甲子园里住着一只妖魔,周日下午妖魔也在。"

"什么？"

"你周日下午一定想睡觉。"

阿学把妈妈放在一旁的盖膝毯披在头上，手伸在足球上。

"看吧，看吧，你的未来……"

●●●●●●●

马上就要考试了，这一周就简单地回顾一下吧。这周的复习方法是"把提示短语写在纸上"。

很简单，请拿出1张白纸。本周涉及以下6点内容，请写出关于这6点能想到的事情。

第22天　打造随时随地便能记忆的"学习主题乐园"

第23天　切忌"粗心大意"

第24天　揣摩出题者的意图

第25天　制订计划要留有余地

第26天　和出题者反复"对话"

第27天　依靠学习缓解学习压力

想不起来时就看看相应的那一页，浏览之后重新写。严禁"照抄"。因为你会把"照抄"当成目的，"照抄"后就会满足于此，停止思考。一定要先记住，再自己默写出来！

说点别的事，刚才阿学断言小茂"周日下午想睡觉"，在此对这件事延伸一下。

有时考试之前的周日上下午还要学习，那么饭后可要注意了。为了消化胃中的食物，血液会集中在胃肠，大脑的血液循环就会变差。

出现这种情况时，我们可以<u>试着改变学习环境</u>。我高中时的朋友曾说过"电车里面空调很足，真的是最棒的自习室"，所以他买了免费车票，坐在来回循环的山手线电车上学习。明显的怪人一个（笑），不过他以应届生的身份考入了东大法学系（文科Ⅰ类）。

在学校时我们会去操场做操，也会换教室，不知不觉就产生了移动。学生们已经习惯了流动的场所，所以待在自己房间一直学习反而会犯困。困意袭来时就换个地方吧，图书馆、公园、咖啡馆，哪里都行。

而且"<u>不要吃得过饱</u>"也是避免犯困的秘诀。

很多人一用脑肚子就会饿，进餐时不知不觉就吃多了，所以牢记"八分饱"，以便专注于下午的学习！

●●●●●●●

"换个地方学习"，今天阿学带着我去了所有能学习的地方。

空地、公交站的长椅、街道旁的树荫，公厕隔间虽然太臭很快就出来了，但睡意一下子就没了……跟着偏执的阿学真的是太累人了!

离期末考试还有 3 天,最后冲刺吧!我已经不是以前的我了。

"依靠自己的力量"使学习变得快乐!

> **总结** 变困之前换个环境吧。

第 28 天　从短语中获取记忆！

① 对学习过的知识点写出能想到的内容。

"以为自己记住了"，但很显然"没有记牢"。

② 如果想不起来，就看看课本再接着写。

重要的是看过课本后一定要记在脑子里，然后再默写出来！

笔记是谁的?

前面我们讲过记笔记的方法,借这个专栏想和大家探讨一下笔记。

前段时间我去参观了作家山崎丰子的展览。展览的名称是"纪念山崎丰子展,不竭的取材、充满热情的作家的人生",地点在东京日本桥的高岛屋。

我想很多人都知道山崎丰子吧,她著有《华丽一族》《白色巨塔》,是获得了直木奖的作家。她于2013年去世,这个展览在她去世三周年时举办,介绍了山崎老师的一生,还展示了她喜欢的物品。

在这众多展品中,有一些吸引了许多人前来观看,参观展览的观众也扎堆地围在一块观看,大家认为那会是什么呢?

原来是山崎老师的笔记本。有写小说时做的"制作笔记",还有以前的"日记",面对这些展品时大家的目光明显变了。

我自然也位于其中。感觉像偷窥别人的秘密一样,心咚咚地跳。这应该是类似于罪恶感的另一种特殊的感觉,我很惊讶这竟然会让人如此兴奋。恐怕其他人也一样吧。

为什么大家会产生这种感觉呢?

这是因为我们把知识、智慧当作持有人的"私有物"。笔记本（非单纯地照抄板书之类的笔记）包含着作者的大量知识、智慧，相当于那个人的另一个"大脑"。

我认为那些知识是笔记作者的"私有物"，而随意地偷窥则是"恶行"。

我并不是想说这是不对的，毕竟是公开的展览。未经许可，则禁止盗用（"复制和粘贴"是常见的盗用现象）他人的作品。现在是网络信息时代，著作权很容易被大家忽视，但著作权必须受到尊重。

不过，即使现在是未经许可、禁止使用，但若干年以后，部分知识就会从"私有物"变成"公有物"吧。

想象一下免费的百科词典"Wikipedia（维基百科）"就明白了。维基百科由大家共同编辑制作更新，属于大家共有。它集结了所有人的智慧，颠覆了此前的知识和智慧的存在方式。

我的恩师东京大学田中智志教授在《关键词：现代的教育学》（东京大学出版社）一书中讲述了"学校的知识往往被视为私有财产（私有物品），当它被视作公共财产（公有物）时就能把人和人连接起来"。

未来需要的是把知识作为"公有物"，集合众力解决问题的能力，而不是把知识作为"私有物"仅供自我思考的能力。从学校的立场来说，笔记必须单独记，但我认为，每个人做好的笔记应该拿出来，大家互相交换、共享，互相讨论"如何才能更有效率地学习"。

虽然平常的学习和考试可能不是为了"解决问题"，但请大家朝着"一起提高学习能力"这一共同目标不断共享知识吧,这一定比自己单独学习更加刺激。

实际上"消失"笔记法和"考试"笔记法也不是我一个人的创意,是从周围人那里得到的提示,然后和朋友一块合作创造出来的。

衷心希望大家能够灵活运用本书中给大家总结好的学习方法,快乐地探索学习。

任务 5
不要逃避学习，
要享受学习！

努力到最后一刻，相信自己

去"智慧圣地"

阿学为什么会对"学习方法"这么了解呢?

下课后我在教室里呆呆地思考着。

阿学上的是超级名校吗?放学后每天来我家,那其余的时间是如何度过的呢?阿学对我的事情知道得一清二楚,我却对阿学几乎完全不了解。

离考试只剩2天时间了,虽然有点焦虑,但又止不住地在意阿学的事情。估计问阿学也只会得到意义不明的回答吧。我想到了一个计策,跟踪阿学……

"好了,明天见。不要松懈!"

"嗯,拜拜!明天见!"我笑着说道,心里有点焦躁。和往常不一样就会被他怀疑,我和平时一样把洋洋得意的阿学送到玄关,轻轻地挥手再见。好险!好险!

悄悄地打开门观察,阿学没有回家,好像去了别处。我换上轻巧的运动鞋,慢慢地来到走廊。阿学绝对不会发现我,我有自信。

因为阿学一个人走路时一定会唱歌。身体摇摇晃晃的,有节奏地迈着步子。"嘿嘿哈",唱的什么歌啊。不知为何他在唱副歌之前停了一下。小心别超过他。

走出公寓,一路向北、向北。究竟要去哪里啊?

走了大约 20 分钟。

"咦?真的假的?"

我目瞪口呆。

阿学光明正大地背着双肩包走进了大学。我以为他会被门卫拦住,结果阿学轻轻地抬起右手,喊了声"你好",气宇轩昂地进去了。我找准门卫看表的瞬间悄悄溜了进去。

溜进去后就看见阿学进入了眼前的教学楼,上面写着"教育学系"几个大字。我不懂了。阿学进入大楼后又立马进入了休息室。好像已经下课了,只有几个人在做小组讨论,没有其他人,他们讨论得很大声。

"接着昨天说,大家是如何记笔记的?"

"我以'消失'笔记法和'考试'笔记法为基础,正打算调查其他的笔记法。"

大学生团体似乎正在讨论学习方法。

阿学站在柱子后面悄悄看着他们,像偷窥一样。太奇怪了,这家伙在做什么啊?

我偷窥着正在偷窥别人的阿学。过了 5 分钟左右,大学生团体中的一个人站了起来。

"喂,你!"

我吓了一跳。大学生走近了阿学。不妙啊,阿学被抓住了，会挨揍吗？我该怎么做啊？前去阻止？大声喊叫？叫警察？怎么办才好啊！

"你怎么又来了！戴眼镜的小学生！"

啊？

感觉时间定格了。大学生认识阿学。这究竟是怎么回事啊？

"啊——对不起！抱歉、抱歉。"

阿学发出了我从未听过的蚊子般的声音。

"你不要每天来，小学生要和小学生玩。"

"算了算了，别管他了。"

其他的大学生制止了前面的那个人。

"就因为你们不管他，这孩子才每天来的。"

每天来这里？我看见了房间里贴的海报，上面写着"教育实践研究会"。阿学是盗取了大学生的秘诀吗？

"还自诩是天才……"

回家的路上我嘟哝道。

一直被当成傻瓜戏弄了吗？感觉自己被骗了，以后怎么办？

但是，奇怪的是我并没有感到愤怒。实际上多亏了阿学，我才一点点地感受到学习的乐趣。

我决定当作没看见。

不过今天也有收获，偶然地进入了大学，那里的氛围真好，令人憧憬。

校园充满了浓厚的历史气息，大学生们都在认真地讨论学习。社团和协会的活动宣传、各种演讲海报随处可见。

我还没有考虑过大学的事情，只是隐隐约约地"想上大学"。大学原来是这样的啊。

心情低落时，再来呼吸这里的空气吧。

"就这样办。"

我加快脚步回到了家。平常都会待在客厅里优哉一会儿，今天我直接进入房间打开了学校的笔记本。

开始学习吧，总感觉今天能学出点成果。

超越昨天的自己！

总结　呼吸大学的"空气"。

困扰时就付出更多努力

早上和往常一样7点30分去学校,以前有4个人,现在增加到了8个人。什么嘛,原来大家都会在临考前早早地来学校学习啊。以前我都不知道……早上的课间活动结束后,有几个人喧哗了起来。

"明天就是期末考试了!不敢相信!"

"真的假的?什么都没做呢!完了完了……"

如果没有遇见阿学,我也是那伙人里面的一员。明天要考试了吗……紧张感突然袭来。

"阿学,不妙呀,没有时间了……"

回到家我立马向阿学哭诉道。现在失败的话,之前的努力就白费了。不仅回不到足球队,还拿不回手机。已经受够老妈的颐指气使了。啊啊,好烦……

"今天晚上不睡觉努力学习吧。"

阿学听我说完之后突然站起来,飞到床上拿枕头扔我,"荞麦皮"枕头"咚"的一声飞来。这是自修学旅行以来第一次被扔枕头。

困扰时就付出
更多努力

第30天

"笨蛋！绝对不可以减少睡眠时间！枕头是加深记忆的第二家庭教师！"

啊，对啦，记忆在人睡觉的时候可以加深。既然枕头是家庭教师，那么你怎么能这样扔老师呢？而且还是"第二家庭教师"，把自己算作第一，有缝就钻，从不吃亏，不愧是阿学。

"小茂，困扰的时候依靠什么好呢？"

"嗯——神吧，不是说临时抱佛脚吗？"

"唉，不行，完全不行。没办法，最后教你一个秘诀。"

说完后阿学静静地开始画楼梯。

• • • • • • •

话题有点太深刻了，人总有必须努力的时候。

对于学习来说，"必须努力的时候"无疑是临考前。可以说备考复习是锻炼短距离冲刺能力的好机会。

短距离冲刺看的是短时间内的努力，没有时间来让我们犯错，为了提高时间质量就需要"专注力"。为了发挥"专注力"，就需要"横下一条心"。如何"横下一条心"呢？答案是付出超乎常人的努力。

把努力分为四个阶段进行表述吧。

第一阶段是"被批评"。例如被老妈怒吼"去学习""怎么还在玩"。这是努力的第一阶段，处于无法回应周围人期待的状态。

第二阶段是"不好也不赖"。这是和周围人的期待处于同等程度的状态。

第三阶段是"得到夸奖"。有人对你说"努力学习了""了不起"，这是超过周围人期待的状态。

多数人只能做到第三阶段，但实际上还有更高的阶段。

第四阶段是"被阻止"。付出了超出对方想象的努力时，会被劝阻"再学会累坏身体的""差不多行了，不要再学习了"，这是"被阻止"的状态。该阶段无法长期实行，归根到底是短距离冲刺。

既然是特意为备考复习，不如在即将考试之前，付出被周围人"阻止"般的努力吧。困扰时能够依靠的只有"努力"，我把那种状态称作"沸腾"。像咕嘟咕嘟冒热气的热水壶一样，壶盖摇来摇去，从外面一看就知道沸腾了。

但是，绝对不可以减少睡眠时间。减少睡眠时间就是不加休息地持续冲刺。要知道记忆是在睡觉期间得以整理的，所以不要减少睡眠时间，集中精神发挥力量沸腾起来吧。

推荐制作"不做事项清单"。例如考试之前，"不带手机进房间""不看电视""不顺道去别处""不午睡""不睡懒觉"等。

对于占用大量时间的手机和电脑，介绍一下我的处理方法吧，那就是从几天前开始就不充电。用得越多，电量消耗得就越快，所以自然而然就不碰它们了。手机被没收的小茂实际上赚得了时间。

我很少谈心灵鸡汤，但衷心地希望大家能够不假思索地把考试当作人生，在这珍贵的时间里努力学习。

● ● ● ● ● ● ●

阿学讲完后用手挡着开始写字。

"阿学，你在写什么啊？"

阿学字写得很用力，好像用尽全身的力量在写。

"明天早上再看。"

阿学把纸条递给我，一脸认真。他究竟要告诉我什么呢？

> 总结　横下一条心。

第30天　临考之前制作"不做事项清单"!

不看电视!

早上不睡懒觉!

不拿手机进房间!

既然决定做的话,就要付出惊人的努力!

不到最后 1 秒不停笔,相信自己

我决定在考试当天第一个到教室,比谁都要早。往常都是闹铃丁零零地响了再起床,今天不知道为什么,离闹铃还有 5 分钟的时候就醒了。

早晨 6 点 30 分。我知道小淳和直木是 7 点左右去学校,就这个时间去吧。

离 8 点还有一个半小时。虽然没有人看见,但我想让他们知道我付出的努力也足以让别人来劝阻呢。首先读出声来醒脑,然后随意写写。伏隔核、伏隔核……这是学习的热身运动。好的,接下来是修改错误。

手中的笔一直没有停下来。好的,解答结束。一看表 7 点 30 分,旁边的直木已经来了,我竟然没注意到。注意力竟然能够这么集中,我对此很是自鸣得意。

最后应该把全部笔记、讲义过一遍,即"目视解答复习"。临考之前不能只看"错误的问题",最好把全部问题过一遍,经过前面的几次小考我已经养成这个习惯了。

时间一点一滴地过去,课间活动结束,老师大声说道:

"好了,把跟考试不相关的东西放入包里。不可以放抽屉里!"

听见这句话的瞬间,我想起来了。

对了,阿学的纸条还没看……

急忙摸向兜里,立刻攥住了那张纸条。

偷偷地在桌子下面打开,阿学那充满活力的字映入眼帘:

到现在为止你做得很棒! 小茂一定能做到!

阿学……

我感动地想哭了。

"做得很棒"吗? 感觉这是阿学第一次真正地夸我。 我试着想象夸人时的阿学,啊,想象不出来。 因为我没有见过那样的表情。

拿到试卷时,我想起了与阿学相遇时的场景。 老妈让我"停止社团活动",然后在公寓的走廊上被他搭话。

"如果你一直这样子,永远也参加不了社团活动的。"

"你要从今天开始改变,不然就一直这么笨下去吧。"

"你可以改变!"

阿学,我变了,我要证明给你看。 开始吧。

我比往常更用力地握紧了笔,然后开始实践阿学教我的"考试心得"。

①听见"开始"时,不要立即动笔。 深呼吸3次后再开始解答。

②首先分配好答题时间,哪怕浪费点时间也没关系。 最后留5分钟检查时间。

③从会做的题开始解答，不会的题立即跳过。

④直到最后 1 秒也不停笔。

⑤相信自己。

"好了，停笔！"铃声响的同时老师说道。

为期两天的期末考试终于结束了，会做的题多得连自己都吓一跳。完全不会的、没自信拿分的题连 1 成都不到，最后的 5 分钟也认真检查了，应该能避免粗心大意。

这不就摆脱不及格了吗，考试这么轻松的吗！

我很开心，快快回家向阿学报告吧！

跑回家后，高兴地喊：

"我回来了！"

然后用力地拉开门。

"阿学！"

经常在的阿学今天却不在，感觉房间空荡荡的。我跑到客厅。

"妈妈，阿学呢？"

"阿学？哦，搬走了。"

"又搬家了？"

"没错，阿学只是在这边暂住，家里翻新好就回去了。你不知道吗？"

我的大脑里一片空白。是这样啊……阿学，为什么你没告诉我！

"很有趣的孩子，我请他来是正确的。"

"啊？ 是妈妈你叫他来的？"

"没错。 你不爱学习，必须请家教，阿学的妈妈跟我说她家的孩子对学习方法可清楚了，那孩子是'学习方法的狂热爱好者'。 很怪吧，好像也没什么朋友，我就想请他来我们家挺好。 哈哈哈。"

"什么？"

"明明是很有趣的孩子，却又搬走了，真可惜。 啊，对了，小茂……"

我没听见妈妈说什么。

"这一个月辛苦了，这是妈妈给你的。"

眼前出现了足球店的袋子，瞬间把我拉回到了现实。 打开袋子一看，里面放着一双新球鞋。

"妈妈，这是什么？"

"看着小茂努力的样子，妈妈也有干劲了。 虽然考试成绩还没出来，但你这一个月完全改变了，明天开始去参加社团活动吧，待会儿把手机还给你。"

迷迷糊糊地回到房间。 终于能拿回手机了，但一点儿也没有玩的兴致。 疲惫感一下子涌上来，不知不觉地睡着了。

第二天早上，心里面好像缺了什么东西一样，恍恍惚惚地来到学校。 今天开始久违的晨练，必须拿出活力。

"喂，小茂！ 等你好久了。"

听见伙伴的声音好想哭。

久违地参加了社团活动,感觉练习强度比以前大。 但是我会尽自己所能。

下午上课时答卷发下来了。

一个月以前的多门不及格就像谎言一般。

英语89分,数学79分,语文81分,社会86分,理科82分……

虽然老师开玩笑地说:"是不是看直木的答案了呀?"但我反而很开心。

想头一个跟阿学报告,但阿学已经搬走了。

足球队练习结束后便回家了,路上感觉和往常有点不同。以前从学校回到家的这段时间是"见阿学之前的时间",但是现在阿学已经搬走了。 加油站前,停车场,空地,还有带我来过的公厕……

时间虽然很短,但这座城市里已经充满了我对阿学的回忆。太寂寞了。 早知道他这么快就搬走,就让他教我更多的东西了。

抬头仰望天空,夕阳把天空烧得通红,一群乌鸦飞过。 看着它们,眼泪止不住地流。

以前多么快乐啊……阿学,谢谢你。 我会一直记着你的……

突然,我听见一阵怪声。

"嘎嘎嘎!"

"停下来阿学! 不要跑!"

"妈妈,对不起——"

我惊讶得眼珠子都快瞪出来了。阿学！是阿学！

等注意到的时候我已经跑起来了，一溜烟儿地跑到阿学身边。

"咦？小茂！你怎么在这里？"

"阿学！你怎么能冲初中生哥哥直呼其名呢？"

阿学的妈妈"砰"地拍了一下阿学的头。

"你就是阿学的朋友小茂吧？你好，我是阿学的妈妈，这段时间给你添麻烦了。看看这个孩子的考试成绩！这孩子只知道学习'学习方法'，自己的学习完全不顾！"

"不要，不可以看。"

阿学的妈妈把阿学的答卷展现在我面前，映入眼帘的是19分。咦？阿学的成绩不是很好吗？

"阿学，难道你是认为模仿了研究学习方法的人就算自己学习过了？"

阿学听了我的话后看着我，又像往常一样露出非常讨厌的表情，说道：

"我对你说过吧，学习的词源就是'模仿'。"

后　记

　　这本书是专门写给那些讨厌学习的孩子们看的。

　　只要开头写出来，后面便能一气呵成。但刚拿起笔开始写的时候，心里充满了不安，担心自己会写出一本"不像样的书"。因为这类书是我的首次尝试。

　　结构很独特，内容也有点像小说。

　　还有"阿学"这个存在感超强的主角。

　　创作这个角色的时候，我很担忧："会让书变得更有趣吗，还是会不好呢？"衷心希望是前者。

　　外表看似天才小学生的阿学在书中大为活跃，实际上我是想通过他告诉大家两点。

　　第一，"学习就是模仿"，这一点在书里反复强调过。无论读书、做研究，还是工作，要想创造出新的事物都需要压倒性的投入（这是我在东京大学研究生院的恩师田中智志教授的教导）。

　　不论对人还是对真理，在憧憬着"某个人""某个物"，努力接近他们的时候，自己也会跟着变得独特。没有压倒性的投入就不可能做到独一无二。我坚信学习也是先从模仿开始的。

　　第二，只知道学习方法没有任何意义。还记得阿学最后考的"19 分"吗？为了强调这一点，我特意把它放在了结尾。揭了阿学的短，跟他说声抱歉，我都能想到他生气的样子！如果大家在看本书的时候，发现了"用用这个吧"等想尝试的方法时，请一定要从当天就开始使用。因为，学习方法只有用起来才有价值。

写开头的时候还充满了不安，写到结尾时却有些不舍。

因为要和阿学、小茂说再见了。在写的过程中，他们俩好像就在我的身边真实存在一样。这是第一部舍不得完稿的作品。

我甚至妄想着这本书到了很多人的手里竞相传阅，届时就写第 2 本，期盼着大家喜欢。

也许有人会怀疑"真的只要 30 天就能提高成绩"？

我敢肯定地对这些人说："可以，一定可以。"

首先请相信我，然后倾听多数人的建议，日日鼓励自己"今天学会这个"，不虚度每一天，这样的你会遇见许多"小奇迹"。

成绩归根结底是每天行动的积累，所以如果行动有所改善，成绩一定会提高。

希望尽可能多的人能以本书为契机体验到"小小的奇迹"，感受到"学习也许很有趣"，那将是我的无上光荣。

大家唯有行动起来才能感受到改变。

我会给大家加油助威，请大家从今天开始学起来吧。

执笔时参考了多方人士的宝贵意见。首先感谢 PHP 研究所

后 记

　　的次重浩子先生，继《应届东大生秘籍》系列 2 册后，这是和次重先生合作的第 3 本书，每一本都离不开次重先生的鼎力帮助。感谢他多年来对我的培养。

　　还要感谢作曲家菅原直洋先生与东急不动产的五岛顺先生。以后也请多多指教。

　　另外感谢大朏时久、八尾直辉、长江政孝、渡边健太郎、岸诚人、绵贯知哉、植村俊介、饭田淳一郎、佐藤大地、铃木繁聪、西川博谦、椎叶直树等 PlusT 教育研究所（作者创建的公司)的工作人员，多亏了大家的协力合作才有现在的 PlusT。

　　还有其他多方人士的帮助，在此一并衷心感谢。

　　感谢大家阅读到最后。

　　感谢我的父母和两个哥哥。

清水章弘